LA CHUTE

DE

SATAN

PAR

AUGUSTE MAQUET

IV

PARIS

L. DE POTTER, LIBRAIRE-ÉDITEUR

RUE SAINT-JACQUES, 38.

1854

LA CHUTE DE SATAN.

SUITE DES NOUVEAUTÉS EN LECTURE

Dans tous les cabinets littéraires.

BLANCHE DE BOURGOGNE, par *madame Dupin*, auteur de CYNODIE, MARGUERITE, etc., 2 vol. in-8.
L'HEURE DU BERGER, par *Emmanuel Gonzalès*, 2 vol. in-8.
LA FILLE DU GONDOLIER, par *Maximilien Perrin*, 2 vol. in-8.
MINETTE, par *Henry de Kock*, 5 vol. in-8.
QUATORZE DE DAMES, par *madame la comtesse Dash*, 5 vol. in-8.
L'AUBERGE DU SOLEIL D'OR, par *Xavier de Montepin*, 4 vol. in-8.
DEBORA, par *Méry*, 5 vol. in-8.
LES COUREURS D'AVENTURES, par *G. de la Landelle*, 5 vol. in-8.
LE MAITRE INCONNU, par *Paul de Musset*, 5 vol. in-8.
L'ÉPÉE DU COMMANDEUR, par *Xavier de Montepin*, 5 vol. in-8.
LA NUIT DES VENGEURS, par *le marquis de Foudras*, 5 vol. in-8.
LA REINE DE SABA, par *Xavier de Montepin*, 5 vol. in-8.
LA JUIVE AU VATICAN, par *Méry*, 5 vol. in-8.
LE SCEPTRE DE ROSEAU, par *Emile Souvestre*, 5 vol. in-8.
JEAN LE TROUVEUR, par *Paul de Musset*, 5 vol. in-8.
LES FEMMES HONNÊTES, par *H. de Kock*, 5 vol. in-8.
LES PARENTS RICHES, par *madame la comtesse Dash*, 5 vol. in-8.
CERISETTE, par *Paul de Kock*, 6 vol. in-8.
DIANE DE LYS, par *Alexandre Dumas fils*, 5 vol. in-8.
UNE GAILLARDE, par *Ch. Paul de Kock*, 6 vol. in-8.
GEORGES LE MONTAGNARD, par *le baron de Bazancourt*, 5 vol. in-8.
LE VENGEUR DU MARI, par *Emmanuel Gonzalès*, 5 vol. in-8.
CLÉMENCE, par *madame la comtesse Dash*, 5 vol. in-8.
BRIN D'AMOUR, par *Henry de Kock*, 5 vol. in-8.
LA BELLE DE NUIT, par *Maximilien Perrin*, 2 vol. in-8.
JEANNE MICHU, LA BIEN-AIMÉE DU SACRÉ-COEUR, par *madame la comtesse Dash*, 4 vol. in-8.
LE KHALIFA, par *S. Henry Berthoud*, 2 vol. in-8.
RAPHAEL ET LUCIEN, par *Michel Masson*, 2 vol. in-8.
LE TROUBLE-MÉNAGE, par *Maximilien Perrin*, 2 vol. in-8.
EL IHOUDI, par *S. Henry Berthoud*, 2 vol. in-8.
LES MÉTAMORPHOSES DE LA FEMME, par *X.-B. Saintine*, 5 vol. in-8.
CHARMANTE GABRIELLE, par *M.-J. Brisset*, 2 vol. in-8.
LE DÉBARDEUR, par *Maximilien Perrin*, 2 vol. in-8.
NICOLAS CHAMPION, par *S. Henry Berthoud*, 2 vol. in-8.
LA FAMILLE DU MAUVAIS SUJET, par *Maximilien Perrin*, 2 vol. in-8.
UN COEUR DE LIÈVRE, par *Maximilien Perrin*, 2 vol. in-8.
DIANE ET SABINE, par *Michel Masson*, 2 vol. in-8.

LA CHUTE
DE SATAN,

PAR

AUGUSTE MAQUET,

Suite du Comte de Lavernie.

IV

Paris,

L. DE POTTER, LIBRAIRE-ÉDITEUR,

Rue Saint-Jacques, 58.

I

DE CHARYBDE EN SCYLLA.

Qu'on se représente le pauvre Jaspin attendant Gérard, qui lui avait promis de s'absenter au plus une heure, et voyant arriver à sa place Louvois inquiet, brutal, qui demanda à voir M. de Lavernie, fit constater son absence, et partit comme une flèche pour St-Ghislain où il le soupçonnait d'être!

Le malheureux abbé supposa d'abord que son élève avait été arrêté par ordre de Louvois. Puis, comme il guettait sur la route le retour de l'escorte, il rencontra Rubantel que M. de Louvois de retour à Bethléem venait de mander pour être interrogé par le roi.

Le général passa si vite et de si mauvaise humeur que Jaspin ne put tirer de lui aucun éclaircissement. Alors l'abbé s'assit sur une pierre aux environs du quartier-général, décidé à n'en pas bouger qu'il n'eût appris de quelqu'un la vérité sur ce mouvement étrange qui avait lieu depuis une heure.

Rubantel repassa. Le digne général parlait avec chaleur à quelques officiers-généraux qui chevauchaient à ses côtés. Jaspin, timide dans les circonstances ordinaires, devenait un vautour pour l'audace et l'importunité dans les grandes occasions. Il se leva et courut saisir par la bride le cheval du général.

— Qu'y a-t-il donc, monsieur, s'écria-

t-il ; veuillez me dire un mot, un seul….
Où est Gérard ?

Rubantel fit un geste de contrariété, l'abbé se cramponna aux crins du cheval.

— Par grâce, dit-il, comprenez ce que je souffre ; c'est mon élève.

— Il est joli votre élève, s'écria Rubantel, s'abandonnant enfin à son indignation. Vous me demandez ce qu'il a fait ? Eh bien, il a passé à l'ennemi !

— Jaspin poussa un cri généreux lancé du cœur :

— C'est faux ! dit-il.

— Demandez à ces messieurs, brave homme.

Jaspin de ses yeux égarés interrogea les physionomies qui toutes affirmèrent.

— Voilà, poursuivit Rubantel, ému de la douleur de ce vieillard, voilà où conduisent les folles amours ; celui qui ne sait pas vaincre sa passion est toujours mauvais gardien de son honneur.

Jaspin chancelait, doutant toujours.

— Et la jeune fille? demanda-t-il à Rubantel.

— Pardieu! ne comprenez-vous pas? il l'a enlevée et a déserté avec elle.

— Oh! mon Dieu, balbutia Jaspin écrasé par cette nouvelle, oh, mon Dieu!...

— Vous ne saviez donc rien, vous, mon pauvre Jaspin? Oh! je me doutais bien de ce qui arriverait, allez ; j'avais bien deviné ses projets de vengeance; seulement, j'espérais de lui une vengeance noble au lieu d'une infamie. Allons, allons, mon brave abbé, ne restez pas là comme un piquet; il ne fait pas bon pour vous de ce côté.

— Plaît-il? dit le désolé Jaspin.

— Non, ajouta Rubantel, si j'ai un conseil à vous donner, quittez le camp. Le roi est furieux, il vient de fulminer contre votre élève. Louvois, qui, je le confesse maintenant, a du coup-d'œil et sait flairer un traître, Louvois ne vous tient pas non plus en odeur de sainteté. Décidez-vous à partir vite, et courez à Lavernie, faites-y promptement une rafle de tout ce que le comte a de précieux, car le château sera rasé, je vous avertis, et les biens confisqués.

— Le château rasé ! les biens...

— Pardieu ! c'est l'ordinaire après exécution capitale pour haute trahison.

— Exécution capitale ! s'écria Jaspin au paroxysme de l'effroi et de la douleur.

— Jour de Dieu ! en doutez-vous, bonhomme, répondit Rubantel, et trouveriez-vous que ce fût injuste ?

— Oh ! murmura l'abbé en se tordant les mains avec désespoir, mon enfant ! mon pauvre enfant !

— Eh bien ! continua le général entraîné par sa chaleureuse indignation, je vous déclare que tout-à-l'heure, quand le roi m'a interrogé et sur les projets et sur la fuite de Lavernie, non-seulement j'ai dit ce que je savais — attendu qu'on ne ment pas à son roi — mais j'ai ajouté que j'ai pour la trahison une telle horreur et que je la tiens pour un crime tellement vil et infâme, que je demandais à S. M., au nom des chevau-légers, l'honneur de fusiler le traître s'il tombe jamais entre nos mains.

Les officiers applaudirent à ces paroles. Jaspin détourna la tête, et n'ayant plus une idée au cerveau, plus un battement au cœur, alla se rasseoir sur la pierre en versant un torrent de larmes.

Les gentilshommes furent émus; ils se consultèrent.

— Voyons, dit Rubantel, faisons une bonne action. Voilà un pauvre homme que Louvois est capable de faire jeter dans un cul de basse-fosse. Peut-être serait-ce déjà fait s'il l'avait aperçu. Il va revenir de chez le roi, il verra l'abbé pleurant sur cette pierre, il le fera enlever et adieu pour jamais. Sauvons-le. Que l'un de nous le prenne en croupe et nous lui ferons passer les lignes. Une fois dehors, il s'arrangera comme il pourra.

Gérard de Lavernie était sa vie, voyez-vous. Cette pauvre âme n'a plus de boussole. Un peu de charité.

Sans répondre un seul mot, un jeune capitaine aux gardes, l'un de ceux qui avaient été provoquer Gérard, se détacha du groupe, alla droit à Jaspin, et l'enleva par le collet de son habit sans que le bonhomme fît plus de résistance qu'un cadavre. Le capitaine assit Jaspin devant lui, sur sa selle, et toute la troupe, gagnant la plaine, se dirigea diagonalement vers les lignes, à la hauteur de Saint-Ghislain.

Pendant ce temps, l'abbé ne poussa ni un cri ni un soupir, mais le jeune capitaine sentit les convulsions de ce cœur qui éclatait, et le ruisseau de larmes brûlantes qui traversait la broderie de son parement.

Arrivés aux lignes, ils les franchirent lorsque Rubantel eut dit quelques mots à l'oreille d'un chef de poste ; puis, à cent toises de là environ, le capitaine mit doucement Jaspin à terre, et lui jeta son manteau sur les épaules. Les autres officiers se cotisèrent et Rubantel glissa dans la poche de l'abbé le produit de la collecte.

Après quoi tous s'éloignèrent et rentrèrent au camp; le pauvre abbé resta seul, abandonné dans l'ombre et le désert.

Un temps bien long se passa pour lui dans la prostration et l'immobilité. Tout ce qui lui arrivait dépassait son intelligence. Cependant, habitué à demander à Dieu la cause et l'explication de tout ce qu'il ne comprenait pas, le pauvre prêtre finit par recourir à ce guide suprême, et le premier usage qu'il fit de sa raison recouvrée, ce fut une prière fervente et naïve au Saint-Esprit. Le ciel lui répondit par la douce clarté du jour naissant; un pâle bandeau s'étendit sur le front des collines, et le reflet des nuages roses dora les champs et illumina les eaux.

A mesure que se dissipait l'ombre, Jaspin sentait se dissiper aussi les ténèbres de son esprit. La fatigue morale faisait place à un sentiment de curiosité. Enfin reparut l'intelligence tout entière. Jaspin se rappela les malheurs et la fuite de Gérard, et comme son âme, son cœur et son cerveau, ne lui servaient qu'à aimer, qu'à désirer, qu'à servir Gérard, Jaspin n'eut d'autre idée que d'aller retrouver son élève chez l'ennemi, puis qu'il était chez l'ennemi.

Il s'orienta, questionna des passants, adopta la grande route comme la plus sûre voie, et tourna vers Notre-Dame-de-Hall avec la constance et la régularité que met l'aiguille aimantée à regarder le Nord.

Peut-être, tandis qu'il marche ainsi, le lecteur nous saura-t-il gré de lui donner d'avance quelques nouvelles de Gérard.

Le comte n'était pas de ces pauvres victimes qu'on égorge sans résistance. Il avait donné beaucoup de peine à ses vainqueurs, et bon nombre de grenadiers hollandais portaient sur leurs mains et leur visage les marques sanglantes de ses ongles et de ses éperons.

Toutefois, d'après l'ordre de Guillaume, on avait épargné sa vie, et la chaîne vivante des soldats l'avait porté hors de l'aqueduc à la réserve de cavalerie anglaise postée autour d'un bois qui couvrait, sur la droite, la route de Hall à Saint-Ghislain.

Là, comme il menaçait et frappait en

core à tort et à travers dans son exaspération, les cavaliers, plus froids parce qu'ils n'avaient point participé à l'opération, se contentèrent de lui attacher étroitement les pieds et les mains avec des sangles de selles. On le prenait pour un prisonnier d'importance, et sa vie valant bien mille florins, on ménageait sa vie.

Nous savons qu'à l'arrivée du carrosse qui emportait la marquise, la cavalerie fut divisée en deux détachements, l'un pour l'avant-garde, l'autre à l'arrière. Gérard fut emmené par les cavaliers du premier détachement.

Il était résigné, un peu étourdi, car,

avant qu'on l'eût attaché sur un cheval entre deux dragons anglais, il avait reçu plus d'une bourrade. Mais la fraîcheur de la nuit et les secousses du trot, rétablirent un peu l'ordre dans ses idées. Et alors, il sentit l'horreur de sa situation. Qu'était devenue Antoinette au milieu de ces soldats? Qu'étaient devenues l'abbaye toute entière et la marquise de Maintenon? Plus d'une fois, malgré la rapidité de la course, malgré la douleur que lui causaient ses liens, Gérard essaya de se retourner sur son cheval, croyant voir en arrière, à l'horizon, l'incendie dévorer les bâtiments et les granges de Saint-Ghislain.

Mais chaque fois qu'il tournait la tête,

le cavalier placé derrière, lui présentait aux yeux la pointe de son sabre et le forçait de regarder en avant.

Gérard avait espéré, en entendant les coups de feu, qu'une rencontre avec les détachements français lui rendrait sa liberté. Mais son attente fut trompée : les Hollandais rentrèrent paisiblement à Soignies et Gérard vit passer sur le flanc des cavaliers anglais, une sorte de météore, un coursier rapide comme l'éclair qui devança toute la colonne et pénétra avec plusieurs aides-de-camp dans les rues sombres de la ville.

Ce cavalier, les Anglais le reconnurent

bien à son passage; Gérard les entendit répéter à voix basse, avec une sorte d'admiration : King William ! le roi Guillaume.

Le détachement dont Gérard faisait partie entra dans une vaste caserne, et les chevaux fumants se roulèrent sur l'épaisse litière des immenses écuries. Quant aux Anglais, ils burent leur bière et s'endormirent. Gérard fut emmené par quelques officiers ; on lui désigna une chambre, un lit; on délia ses jambes et ses mains; on lui offrit du vin et une soupe à la viande, et comme il refusa, l'officier chargé de sa garde prit pour lui ce souper dont il s'accommoda, puis se coucha dans un lit voisin de celui qu'on avait destiné pour Gérard.

Il dormit, cet Anglais — Gérard ne put fermer l'œil — il se leva — la porte de la chambre était gardée par des soldats — la fenêtre fermée et grillée. Nul espoir de fuite. Cette fin de nuit dura un siècle pour Gérard. La continuelle idée qu'Antoinette était perdue faillit le rendre fou.

Le lendemain, vers dix heures, après déjeuner, on vint le prendre pour le conduire chez le colonel du régiment anglais; — il fit ses adieux à l'officier, son compagnon de chambre, et quatre cavaliers l'escortèrent jusqu'au logement de ce colonel.

Gérard s'aperçut qu'on allait traverser un grand jardin, au fond duquel se trouvait la maison. Les allées de ce jardin tournaient autour d'une pièce d'eau; à droite un mur, à gauche une haie bordée d'un fossé donnant sur des prés semés de bouquets d'arbres. On côtoyait la pièce d'eau verte et profonde.

Gérard, tout en marchant, remarqua dans le pré, à gauche, des chevaux qui broutaient. Tant d'air et d'espace l'enivrèrent, un désir invincible, une rage de liberté montaient comme une flamme à son cerveau. Une longue épée provoquante, qu'il voyait devant lui battre les jambes d'un des Anglais, acheva de lui tourner la tête; il donna un violent coup d'épaule à son voisin de droite, et le jeta dans la pièce d'eau. Rapide comme la foudre, il tira du fourreau cette épée, et se jeta sur ses trois autres gardiens; l'homme désarmé tomba. Gérard écarta le fer d'un troisième, en lui perçant la gorge d'outre en outre.

Quant au dernier, il le terrassa de ses deux mains robustes, lui arracha son épée qu'il brisa, l'étourdit d'un coup de pommeau sur le crâne, et franchissant la haie, le fossé, choisit un des chevaux, le meilleur, lui passa aux dents sa ceinture, en guise de mors et de bride, sauta sur son dos, et le piquant furieusement, courut dans la direction d'un bois voisin, au fond duquel il disparut.

Il entendit crier pendant quelque temps, puis n'entendit plus rien. Des bûcherons effrayés l'avaient vu. Il changea de route et revint au grand chemin qu'il suivit pendant une heure; le cheval, furieux, dévorait l'espace. Enfin il tomba sans haleine et sans vie. Gérard se jeta dans les marais et les fondrières, traversa plusieurs ponts, et ne voyant rien qui le poursuivît ou l'inquiétât, il s'arrêta enfin, et reprit sa respiration.

Devant lui, à l'horizon, se dressaient plusieurs clochers; vers lequel se diriger? Gérard entra dans une métairie, questionna, et apprit qu'il se trouvait à deux lieues de Leuze, à trois de Soignies, à deux des lignes françaises; il apprit aussi que le pays était calme, qu'on n'avait aperçu aux environs ni Français ni Hollandais, et alors, plein de joie et d'ardeur, il reprit la route, avec la certitude de toucher aux lignes avant une heure, et entama vigoureusement ses deux lieues.

Comme il traversait un petit pont sous

une écluse pour abréger la route, il entendit pousser un cri au-dessus de sa tête. Un homme, qu'il ne reconnut pas, marchait sur la berge, enveloppé d'un manteau d'officier français. Ce cri éveilla le cœur de Gérard en même temps que son oreille.

— Mon enfant! dit cette voix.

— Jaspin! s'écria Gérard en courant à son précepteur qu'il serra dans ses bras.

— Où allez-vous, malheureux?

— Pardieu! au camp.

— Vous allez à la mort!... on sait tout.

— Que sait-on?

— Votre fuite, l'enlèvement d'Antoinette.

— Antoinette est enlevée! s'écria le jeune homme en pâlissant, par qui?

— Quoi! ce n'est pas par vous?

Jaspin lui raconta tout ce qu'il avait appris de Rubantel, et l'opinion de toute l'armée, et les menaces de Louvois.

Ce nouveau coup faillit enlever à Gérard

le peu de forces qui lui restaient. Cependant il songeait à la pauvre enfant et oubliait son honneur en péril.

— Antoinette disparue... répétait-il, déshonorée, tuée peut-être! Mais on aurait trouvé son corps... Eh bien, disparue, ce serait encore un espoir qui me reste, ajouta l'infortuné.

Et il se dirigea de nouveau vers les lignes.

— Vous n'irez pas, dit Jaspin.

— Que dites-vous?

— Je dis que si vous paraissez seulement au camp, le premier venu vous tuera d'un coup de mousquet.

— Etes-vous fou ! répliqua Gérard, et seront-ils insensés eux-mêmes. Si je reviens au camp, n'est-ce pas une preuve que je n'aurai point déserté? Si j'eusse passé à l'ennemi, pourquoi revenir?

— Mon enfant, par grâce, demeurez !

— Allons donc !... Quand le déshonneur est ici et la mort là-bas, vous supposez que j'hésite! Quand là-bas, je saurai ce qu'est devenne Antoinette ; quand là-bas, je n'ai qu'à me montrer pour dissiper tout nuage, tout soupçon, je serais le plus lâche et le plus stupide des hommes, si dans un quart-d'heure je n'étais pas rendu au camp français.

Jaspin se jeta tremblant à ses pieds.

— Avec Louvois on ne prouve rien!... disait-il, vous êtes perdu, retardez...

— Pas d'une seconde.

— Ils vous attendent, vous dis-je, pour vous fusiller.

— Eh bien ils ne m'attendront pas longtemps. Jaspin, Antoinette est morte, ou déshonorée ou au pouvoir de Louvois, — n'est-ce pas?

— Hélas! mon Dieu!

— En ce cas, ai-je autre chose à faire qu'à mourir, et à mourir vîte. Adieu!

Et malgré les larmes et les supplications de son précepteur, qui se traînait à ses pieds, le jeune homme l'ayant embrassé tendrement, s'arracha de ses bras, et courut vers le camp français tête baissée dans la double ivresse de la fureur et du désespoir.

II

LE COCHER DU ROI GUILLAUME.

La marquise n'avait pas vu sans inquiétude le départ précipité du roi. Elle comptait qu'il remonterait près d'elle, et qu'elle pourrait ajouter quelques bons coups de griffe à la triomphante riposte dont elle avait accablé Louvois.

Mais quand elle se vit seule, et qu'elle apprit les questions adressées par le roi à la supérieure, elle soupçonna, de la part du ministre, quelque invention diabolique dont l'effet avait détruit toute sa combinaison.

Elle sonne ses femmes, se lève, s'habille, et s'installe auprès du feu, devant sa table. Manseau est appelé; il raconte tout ce qu'il a entendu de l'entretien du roi avec la supérieure, et l'assurance que cette dernière a donnée du départ ou de la disparition d'Antoinette.

Au lieu de faire appeler la supérieure à son tour, la marquise réfléchit qu'elle sera bien plus forte en ne trahissant point son émotion par de la curiosité. Elle se contentera du rapport de Manseau. Manseau a entendu Louvois prononcer à plusieurs reprises le mot trahison; le nom de Lavernie a été mêlé souvent à ces propos vifs de la part du roi comme de la part du ministre. Ces indications suffisent à la marquise pour éveiller dans son esprit les plus graves inquiétudes : à tout prix il faut savoir pourquoi le roi est retourné à Bethléem, au lieu de monter prendre congé.

Manseau répondit que Sa Majesté avait

répété plusieurs fois : « Respectons le sommeil de madame la marquise. » Mais elle sait trop l'égoïsme du maitre pour croire qu'il ait en effet voulu respecter son sommeil. D'un autre côté elle connaît aussi la délicatesse et l'horreur du roi pour les querelles entre la maîtresse et les ministres. Plus de doute; s'il est parti de la sorte, c'est pour aller prendre à Bethléem des renseignements de la main de Louvois.

La marquise se décida promptement.

— Montez à cheval, mon pauvre Manseau, dit-elle, et sans perdre une minute.

Je sais bien que je vous fatigue, mais vous m'êtes trop attaché pour ne pas souffrir volontiers pour moi.

— Ma vie appartient à madame, répliqua Manseau, et mon cœur aussi.

— J'y compte, mon ami; rendez-vous donc au camp. Écoutez, n'interrogez pas; recueillez ce qui se dit, sachez ce qui a transpiré là-bas de ce qui nous est arrivé ici. Voyez, par exemple, pour avoir de bons renseignements, soit l'abbé Jaspin un de mes amis, soit M. de Lavernie lui-même; en un mot, ne rentrez pas à Saint-Ghislain sans avoir appris ce qu'avait le roi de si pressé pour partir avec tant de précipitation.

Manseau s'inclina et se dirigea vers la porte.

La marquise sonna encore.

Ce fut au tour de Nanon à paraître. Celle-ci apprit à sa maîtresse que tout allait selon ses désirs. La rentrée d'Antoinette s'était effectuée sans que nul l'eût aperçue; et Antoinette, après un long évanouissement, avait repris ses sens dans la chambre même de Nanon, sans savoir où elle était. La vue du feu, le lit, des soins intelligents avaient calmé son délire. Une torpeur profonde, prélude de la fièvre envahissait les membres fatigués de la jeune fille. Quelques mots sans suite et sans signification, le nom de Gérard, surtout, s'échappaient à chaque instant de ses lèvres. Nanon avait fermé sa porte, gardé la clé, renvoyé les femmes dont la plupart, d'ailleurs, étaient couchées depuis longtemps. Et elle venait prendre de nouveaux ordres, tout en demandant pardon, encore une fois, pour les horribles péchés que le diable l'avait forcée de commettre.

Madame de Maintenon admira cette

douceur de ma mie Balbien, et s'applaudit intérieurement des crimes de sa servante. Nanon faisait payer trop cher son innocence pour qu'on la regrettât beaucoup.

La marquise s'étonnait de n'avoir pas encore entendu partir le cheval de Manseau, lorsque la porte se r'ouvrit et le maître-d'hôtel parut.

— Encore ici, Manseau ?

— Oui, madame, j'allais partir quand on m'a retenu pour une singulière contestation.

— Quoi donc, Manseau?

— Madame sait bien qu'un cocher hollandais l'a ramenée ici.

— Oui, certes, je le sais.

— Eh bien, madame, ce n'est pas un cocher, c'est un démon enragé.

— N'est-il pas content? ne l'a-t-on pas bien traité?

— Madame, tout ce qu'on lui a offert, il l'a refusé.

— Il a droit à mon meilleur vin, Manseau.

— Madame, je lui ai fait servir le vin du roi, il n'a pas voulu le boire.

— Il est difficile. Peut-être eût-il préféré la bière; mais vous n'en avez point, je crois?

— Il a refusé de trinquer avec votre cocher et vos laquais, qui lui faisaient mille civilités, il faut bien le dire, car on le regardait comme un dieu pour avoir ramené ici madame. Eh bien, rien n'a fait. Il a repoussé flacons et verres, et refusé toutes les santés, excepté la vôtre et celle du roi Guillaume.

— Eh mais! je n'ai pas à me plaindre, Manseau, ce garçon est galant.

— Oui, mais les nôtres se sont fâchés et ont voulu le faire boire à la santé du roi de France.

— Ce sont des drôles, et des gens inhospitaliers. Cet homme n'est pas sujet français. Il est mon hôte, on lui devait des égards, des respects.

— Oh! madame, il s'est bien fait respecter lui-même, allez; il a repoussé, vous ai-je dit, le verre qu'on lui tendait; mais en même temps, du même bras, il a jeté votre cocher par la fenêtre.

— Oh! oh!...

— Et comme les laquais voulaient venger leur camarade, il a pris l'un d'eux et s'en sert pour battre les autres.

La marquise se mit à rire.

— Que voulez-vous que je fasse à cela? dit-elle, me réclamez-vous pour mettre le holà?

— Non, madame, mais...

— Eh bien, laissez le battre un peu ces créatures inciviles, si cela l'amuse; nous lui avons des obligations.

— Oh! s'il ne s'agissait que de l'échine de ces drôles, je ne dérangerais pas madame; mais c'est qu'il n'est pas encore content.

— Que veut-il? s'en aller, peut-être? Au fait, s'il s'ennuie d'être absent de son pays et s'il ne trouve pas mon vin meilleur que le caractère de mes gens, qu'on lui donne dix louis, trente louis, et qu'il parte.

— C'est tout le contraire qu'il réclame, madame, il veut vous voir et s'étonne que vous ne l'ayez pas encore mandé.

— Bah! s'écria la marquise étonnée. Au fait, j'ai peut-être manqué de politesse. Oui, j'aurais dû remercier ce garçon moi-même, ne fût-ce que par égard pour son maître. En une circonstance pareille, ce cocher peut revendiquer les droits d'un ambassadeur. Et puis, c'est peut-être une âme délicate qui préfère un mot gracieux à un rouleau d'or : faites-le monter, Manseau.

— Gardez-vous en bien, madame, vous ne savez pas quel est cet homme-là ; je le crois fou.

— Bon... parce qu'il demande à me voir? Faites-le entrer, vous dis-je.

— Eh! madame, s'il faut vous l'avouer, il s'est récrié sur votre mauvais cœur, sur votre incivilité. Quand je souperai à Saint-Ghislain a-t-il dit, ce ne sera point dans la cuisine avec les valets, ce sera dans le réfectoire de madame de Maintenon, avec elle; qu'en pensez-vous maintenant, est-il dans son bon sens ce cocher-là.

La marquise ouvrit des yeux effarés, la prétention lui semblait exhorbitante.

— Qu'en faut-il faire? demanda le maître-d'hôtel, il mène grand bruit en bas, et, moi parti, nul n'aura plus d'autorité sur lui; car je pense bien que madame ne veut pas qu'on use de rigueur.

Elle réfléchit un moment; puis, comme frappée d'une idée subite :

— Quel homme est-ce? dit-elle.

— Un grand, gros, un vigoureux homme.

— Son âge?

— Plutôt soixante que cinquante.

— A cet âge-là, le fou lui-même est raisonnable; d'ailleurs Guillaume III ne m'eût pas confiée seule à un fou... Décidément faites monter cet homme.

— Oh! madame.

— Et partez sans retard pour Bethléem, ajouta la marquise, dont l'accent était irrésistible dans le commandement, sans rien perdre de sa douceur et de son calme.

Manseau obéit. Nanon croisa ses bras sur sa large poitrine, comme si elle eût voulu montrer qu'elle suffirait à défendre sa maîtresse au besoin contre le colosse de Rhodes.

Quelques instants après, on entendit dans l'escalier de service un pas lent et lourd, et la marquise vit entrer, derrière un laquais qui éclairait de mauvaise humeur, l'homme gros et grand dont manseau avait parlé à sa maîtresse.

Madame de Maintenon avait fait allumer quelques bougies : à l'abri de son vaste paravent, elle regardait le visage du visiteur, éclairé par une double lumière.

Celui-ci entra sans embarras, sans bruit, sans gêne. Il était vêtu d'un simple habit de drap vert, son linge était blanc et fin, ses bottes, armées d'éperons, eussent indiqué plutôt le piqueur que le cocher; mais, dans la tournure raide et calme, dans l'espèce d'aisance régulière avec laquelle cette grosse masse se balançait, rien ne désignait l'homme habitué à servir d'autres hommes, et, si de l'habit, d'après lequel on juge le maître d'un laquais, l'examen remontait aux yeux d'après lesquels on juge le laquais lui-même, le cocher de Guillaume III, avec son regard ferme et profond, ressemblait beaucoup à un homme libre.

La marquise embrassa tous ces détails du premier coup-d'œil.

L'homme fit quelques pas sur le tapis.

— Il n'est point ivre, pensa-t-elle.

Elle lui sourit avec tout son charme.

Il inclina doucement la tête pour la saluer.

— Un salut hollandais, pensa-t-elle; mais enfin, c'est un salut.

Le nouveau venu se tourna vers le laquais, qui demeurait béant, consterné de voir ainsi sourire sa maîtresse à un rustre. Et le rustre sut donner une si singulière expression à son regard, que le laquais reprit son flambeau et sortit.

— Il n'est pas fou, pensa la marquise; mais que va-t-il me dire, à présent qu'il m'a vue?

L'étranger, sans la quitter des yeux un moment :

— Voilà donc celle qu'on appelle la marquise de Maintenon ! dit-il d'une voix douce, empreinte de cet accent du Nord, que la marquise avait remarqué, plus léger peut-être, chez Guillaume III.

— Eh bien, mon ami, répliqua-t-elle, avec affabilité, c'est moi. J'eusse voulu vous voir plus tôt, mais j'étais encore souffrante. Je m'étais couchée.

— Une illustre dame, continua tout haut le Hollandais poursuivant son idée et sa contemplation mélancolique, — une ennemie de Louvois !

— Oh ! se dit la marquise, voilà un sujet de conversation compromettant, si l'interlocuteur n'était un cocher. Rompons. — Que désirez-vous de moi, mon ami ? Des remerciements, je vous les dois sincères ; un témoignage de ma reconnaissance, vous l'aurez.

Elle allongea discrètement sa main vers une bourse placée sur sa table. Cette bourse contenait plus de trente louis ; mais cet homme avait si peu l'air même d'un cocher de roi, que la marquise hésita, et rougit d'offrir si peu.

Cependant sa main s'étendait chargée de la bourse. L'étranger écarta doucement cette belle main avec la sienne, et répondit :

— Non.

— Que disais-je à Manseau, pensa la marquise, c'est une âme délicate!

— C'est moi qui vous apporte de l'argent, continua l'étranger, sans cesser de regarder avec la même expression curieuse et bienveillante.

— Vous m'apportez de l'argent? répéta la marquise qui craignit d'avoir mal entendu, et regarda Nanon comme pour s'en convaincre par l'aspect de sa physionomie.

Nanon, enchantée d'être consultée, intervint dans le dialogue par une exclamation bruyante.

— De l'argent à madame! dit-elle avec les airs rogues de son temps de candeur.

Le Hollandais fut tiré de sa contemplation par l'éclat de cette voix. Il se retourna et lança sur mademoiselle Balbien un regard pareil à celui dont il avait congédié le laquais. Mais le métal Balbien était plus dur; le regard s'émoussa. La vieille fille ne sortit pas. Alors notre homme s'adressant à la maîtresse :

— Renvoyez cette femme, dit-il tranquillement ; je veux vous parler à vous seule.

Mademoiselle Balbien passa du sourire au rire violent, mais elle fut bien surprise, quand sa maîtresse, obéissant au regard opiniâtre du Hollandais :

— Sortez, ma mie, dit-elle.

Nanon rougit de colère et sortit en fermant violemment la porte. Le Hollandais remercia la marquise par un geste plein d'aménité ; puis avança un fauteuil et s'assit, naturellement, sans brusquerie.

— Je disais donc, reprit-il, que je vous apporte de l'argent.

— Il est fou, se dit la marquise, et je suis seule avec lui.

— Elle rapprocha d'elle sa sonnette.

— On dit, poursuivit le Hollandais avec une voix émue, que vous avez fondé en France un asile pour les jeunes filles orphelines, pour les enfants pauvres. C'est bien, cela, voilà une véritable idée de reine. Au fait, à vrai dire, vous êtes reine, et vous devriez être couronnée sans les manœuvres de ce scélérat qu'on nomme Louvois. — Que c'est beau de recueillir les enfants abandonnés, de les nourrir, de les caresser... vous les caressez quelquefois, n'est-ce pas?.. Eh bien, Guillaume me disait l'autre jour...

— Guillaume? s'écria la marquise choquée de la familiarité avec laquelle ce cocher traitait ce roi.

— Oui, mon ami Guillaume, dit flegmatiquement le hollandais, qu'y a-t-il d'étonnant ?

— Ah çà, monsieur, qui êtes-vous, demanda madame de Maintenon stupéfaite.

— Je suis l'ami de Guillaume, ne vous l'a-t-il pas dit ?

— S. M. m'a dit qu'elle m'enverrait quelqu'un, mais plus tard.

— Eh bien ! ce quelqu'un, c'est moi, et plus tôt.

— Vous n'êtes donc pas... un de ses soldats ?

— Non.

— Un serviteur ?

— Non.

— Un cocher du roi, enfin ? s'écria la marquise impatientée.

Le Hollandais, sans se fâcher et sans sourire :

— Je suis tout ce qu'il faut que je sois

pour être l'ami de Guillaume, dit-il, et je vous apporte de quoi aider un peu votre maison de Saint-Cyr, où l'on retire les pauvres filles, et qui manquent d'argent, je le sais, parce que ce coquin de Louvois dépense tout pour la guerre. Je donne un million. Prêtez-moi une plume, que je vous fasse un billet payable à Rotterdam.

La marquise pétrifiée regarda cet homme à son tour avec une expression d'inquiétude et d'admiration qui traduisait fidèlement tous les sentiments de son âme. Inquiétude d'avoir affaire à un de ces fous raisonnables dont l'entretien est une mystification perpétuelle. Admiration d'un caractère qu'elle espérait avoir découvert neuf et fort, parmi toutes les banalités qui l'assiégeaient chaque jour.

— Mais, monsieur, dit-elle, vous êtes donc bien riche?

— Très-riche.

— Un million!...

— J'en ai prêté cinq à Guillaume pour vous faire la guerre : il m'en reste quarante-cinq, j'en peux bien donner un pour les pauvres petits enfants.

Le Hollandais ne prononçait jamais le mot *enfant* sans qus sa voix devint triste, oppressée. La marquise se rappela que Guillaume lui avait annoncé un homme malheureux à consoler.

— Pour aimer à ce point les enfants, dit-elle en interrogeant le visage de son interlocuteur, il faut que vous soyez un heureux père.

Il tressaillit; puis, après s'être remis :

— Ma femme avait un enfant, dit-il

froidement. Quant à moi, je ne suis pas un père, — je suis un homme malheureux.

— Pourquoi plaignez-vous si tendrement les enfants abandonnés ?

— Parce que l'enfant de ma femme est mort ou abandonné.

— Et votre femme... a dû souffrir ?

— Elle ne souffre plus, — je l'ai tuée.

La marquise jeta un cri, et regarda épouvantée cette figure qui s'était éclairée d'un feu sinistre ; mais la charité l'emporta chez elle sur la terreur. Elle se leva, s'approcha de cet homme qu'elle voyait souffrir, et lui tendit la main.

Van Graaft ouvrit son cœur à cette intelligente consolatrice. Il ne lui cacha rien de son malheur, de son crime, de ses remords. Et après avoir accusé sa femme, après l'avoir pleurée, après avoir demandé au ciel une vengeance terrible contre Brosmann, l'auteur de tant de maux :

— Je me suis confié à vous, dit-il, madame, parce que mon ennemi est le vôtre, parce que vous pouvez m'aider à le punir, parce que le Brosmann d'autrefois s'appelle Louvois, et que je l'eusse déjà tué si je n'avais l'idée qu'il sait ce qu'est devenu le pauvre enfant d'Éléonore.

— Louvois! s'écria la marquise; c'est Louvois! ô justice divine... mais alors, monsieur, quel âge aurait votre enfant? cet enfant perdu?..

— Il y a dix-huit ans que ma femme est morte.

La marquise sentit comme un voile

se déchirer devant ses yeux. Pourquoi tant de persécutions, tant de mystères, tant de haine et de soins que Louvois versait sur Antoinette ?

— Oh ! s'écria-t-elle, tandis qu'il cherche mon secret n'aurais-je pas découvert le sien ?

Elle achevait à peine de formuler cette pensée, qu'on entendit un cheval galoper sur le pavé de la cour.

— Monsieur, dit-elle à Van Graaft, je crois que vous avez eu raison de vous adresser à moi. — Mais, pardon, voici mon maître-d'hôtel qui vient me dire l'effet qu'a produit votre expédition de tantôt.

Manseau entra.

— Eh bien ? dit-elle.

— Eh bien, madame, il n'est bruit dans le camp que de la trahison de M. de Lavernie qu'on accuse d'avoir introduit les Hollandais dans Saint-Ghislain afin d'enlever sa maîtresse.

— Oh! dit la marquise, lui, un traître!... Ce n'est pas vrai, n'est-ce pas, monsieur, demanda-t-elle à Van Graaft, qu'un officier français ait livré Saint-Ghislain au roi d'Angleterre?

— Ce n'est pas vrai, répliqua le Hollandais.

— Mais, madame, ce qui accrédite ce bruit, continua Manseau, c'est la disparition de M. de Lavernie.

— Il n'est pas encore rentré au camp? dit la marquise avec effroi.

— On ne l'a pas revu depuis huit heures du soir.

— Oh! le malheureux, qu'est-il devenu ? — Monsieur, est-ce que vos soldats auraient tué un officier en pénétrant dans le couvent ?

— Tué, non, pris, oui.

— Il est pris, qu'en a-t-on fait ?

— On l'aura conduit au rendez-vous général à Soignies. J'ai entendu Guillaume en donner l'ordre.

— Mais, madame, s'écria Manseau, il suffirait de dire cela au roi...

— Manseau, silence! Quant à vous, monsieur, il faut me rendre un service signalé.

— Dites.

— Il faut supplier le roi Guillaume de me renvoyer à l'instant même, ce prisonnier; monsieur, vous ne savez pas de quel prix ce service sera pour moi; tenez, monsieur, ramenez-moi cet officier demain, et je vous promets... je vous promets...

— Si vous pouviez me promettre de forcer Louvois à retrouver l'enfant...

— Eh bien!... peut-être!...

Le colosse chancela sur sa large base. Il passa une main sur son front, et d'une voix brève qu'il s'efforçait de rendre calme :

— Un cheval! dit-il. — Madame, à demain !

III

TEL QUI RIT VENDREDI...

A l'heure où Gérard culbutait dans le petit jardin de Soignies ses quatre gardiens pour recouvrer sa liberté, le tambour appelait sur la place d'armes générale, devant Mons, les officiers et les chefs de corps convoqués par ordre du ministre de la guerre.

Louvois, toujours pressé quand il s'agissait d'une vengeance ou d'une sévérité, sortit de son quartier, un rouleau à la main, et se rendit à l'appel.

Quand il vit les rangs assez nombreux pour qu'on pût dire que toute l'armée était représentée par ses officiers, il déploya son ordre du jour et le lut.

Un silence glacial régnait parmi les groupes de ces braves gentilshommes, qui savaient à peu près tout le contenu de ce papier ; c'était leur déshonneur à tous : dans une armée, le fort et le faible, l'honnête et le méchant, le vaillant et le timide, sont solidaires comme les membres d'un même corps.

Parmi les plus consternés on remarquait ces braves chevau-légers, au blason desquels la trahison d'un seul imprimait une tache. Rubantel, habitué à marcher le premier à la parade, au feu, aux réceptions solennelles, se cachait en cette occasion derrière les moindres officiers, et déchiquetait les ganses d'or de son épée.

Louvois lut, de sa forte voix plus que jamais accentuée :

« Louis, etc.

» Ayant appris et reconnu par nous-
» même, que l'un des lieutenants de
» notre corps de chevau-légers, le sieur
» de Lavernie, a quitté son poste et dis-
» paru dans la soirée du 9 avril ; sachant
» en outre, de source certaine, qu'il a
» passé à l'ennemi : crime de haute tra-
» son qui n'est peut-être pas le plus
» odieux de ses crimes, ni le premier,
» puisqu'une fois déjà nous avons dai-
» gné lui faire grâce, nous déclarons
» ledit Lavernie déchu de ses grades,

» commandement et dégradé de noblesse,
» ordonnons à tous chefs de corps de nos
» armées de lui courir sus et de l'appré-
» hender au corps en quelque endroit
» qu'il se trouve.

» Mandons et ordonnons à tout offi-
» cier ou soldat de nos troupes de le li-
» vrer au prévôt du régiment pour qu'il
» en soit fait prompte et bonne justice.

» Et sera ledit Lavernie passé immé-
» diatement par les armes, sans recours
» ni appel ; ladite exécution se pouvant
» faire en tel endroit qu'il plaira au com-
» mandant à qui elle écherra, car tel est
» notre bon plaisir. »

Ces lugubres formules dictées par une haine effrénée n'indignèrent pourtant personne — le sentiment de l'honneur est si puissant dans un cœur français qu'il y étouffe toute miséricorde — et que la férocité envers un traître s'appelle devoir.

Toute l'assemblée s'écoula en silence. Les officiers n'avaient été occupés, pendant la lecture, que du soin d'écarter les soldats qui eussent pu l'entendre. On vit les chefs des gardes, des mousquetaires et des gendarmes s'approcher de Rubantel et des chevau-légers pour leur faire les compliments de condoléance, ainsi qu'en un jour de funérailles. Effectivement, c'était pour le régiment les funérailles de son honneur.

On fit bien cette réflexion tout bas, et Rubantel la fit tout le premier, que les termes de l'ordre du jour étaient violents, passionnés, cruels ; que cette injonction de livrer un officier supérieur au premier soldat brutal, était une aggravation de peine douloureuse pour le corps d'officiers ; qu'il était bien dur de forcer un commandant à faire exécuter comme un bourreau, sans jugement et sans appel, le malheureux ainsi flétri ; qu'enfin cette clause relative à l'exécution était inhumaine et odieuse, parce qu'elle autorisait la mort violente d'un homme, au premier endroit que choisirait le caprice d'un chef de corps; qu'ainsi, M. de Louvois, par exemple, dont la haine pour le condamné était si connue, pouvait choisir pour faire exécuter la sentence, l'endroit même ou le condamné aurait des parents ou des amis.

Tout cela, disons-nous, parut excessif; mais le hideux au moral retomba sur Louvois, dont on reconnaissait la plume trempée de sang et de fiel.

Quant au lugubre de la pratique, les officiers s'en préoccupèrent beaucoup moins, pensant bien que Lavernie, puisqu'il s'était enfui, savait assez ce qu'il faisait, et ne s'exposerait point, par un retour insensé, à l'application de toutes les sévérités de l'ordre du jour.

Chacun retourna en son quartier ou à son poste, et après cet ordre du jour du prévôt, M. de Vauban lut le sien, qui heureusement effaça dans tous les esprits les sinistres impressions de l'autre, car il promettait pour le soir même une attaque décisive sur le dernier des ouvrages défendables de la place.

Mais Louvois savait aussi bien que tout

le monde la portée du coup qu'il venait de frapper. Assurément il ne comptait pas sur l'exécution à mort de Lavernie. Un tel bonheur dépassait ses espérances. Mais il avait dégradé, avili, souillé à jamais son ennemi : c'était bien plus que de l'avoir tué. En outre, pour comble de succès, la ruine de Lavernie s'était consommée de l'aveu du roi, avec sa signature, avec l'assentiment tacite de l'armée entière ; Louvois faisait son devoir en se vengeant. Il égorgeait son ennemi avec le couteau de la loi. Et madame de Maintenon tant de fois rebelle, tant de fois victorieuse dans ses luttes à propos de Lavernie ; madame de Maintenon, qui depuis quelques jours commençait à éteindre son feu, comme Mons, allait enfin, de par Louvois et la justice, se voir contrainte de répéter : A mort mon protégé ! à mort le traître !

La question d'Antoinette était peu de chose à côté de tout cela. D'ailleurs, pourquoi se fût-il inquiété d'Antoinette? Quoi de plus avantageux que l'enlèvement de cette jeune fille par Lavernie ? Eh bien, mais Louvois n'aimait pas assez Antoinette pour s'offenser de sa fuite avec Gérard ; il ne haïssait pas assez Gérard pour trouver mauvais qu'il exposât Antoinette. C'était madame de Maintenon que Louvois craignait, haïssait et voulait frapper ; quant aux autres, que lui importait ?

— Qu'ils soient heureux, se disait-il, et qu'ils me bénissent : deux bénédictions d'honnêtes gens, c'est autant de gagné sur l'enfer.

Aussi le ministre regardait-il cette affaire comme finie et bien finie; c'était à ses yeux un solde général. Il eût volontiers écrit à côté du nom de Lavernie ces mots du Vénitien qui fit tuer Foscari : *l'ha pagata* : Payé.

Peut-être ces explications auront-elles

suffi pour faire comprendre toute la sérénité insolente qui éclatait sur le visage de Louvois, quand il rentra au quartier-général, après cette première partie de l'exécution de Gérard.

— Récapitulons, se dit-il. J'avais trois ennemis sérieux : la marquise — celle-là dure toujours, mais nous arriverons peu à peu, patience, — puis Lavernie et Belair. Le premier ne compte plus; quant à l'autre, si ce coquin de Desbuttes m'a compris, il ne doit plus compter à l'heure qu'il est. Couple charmant. *Arcades ambo*, dit Louvois en ricanant. Eh ! eh ! on sait encore son latin.

Cette gaîté du ministre était lugubre; elle lui fit peur à lui-même.

— Oh! oh! se dit-il soudain en éteignant ce triste sourire sur son visage. C'est aujourd'hui vendredi, pas tant de joie.

Il leva la tête, et aperçut à dix pas de lui, une sorte de gymnaste qui entassait révérences sur révérences, comme des culbutes ou comme la roue d'un savoyard.

— Je connais ces platitudes-là, ce me semble, grommela Louvois entre ses dents. Il n'y a qu'un homme au monde capable de baiser ainsi la terre à chaque salut qu'il fait. Oui, pardieu, c'est mon Desbuttes.

— Moi-même, répliqua le petit grotesque en minaudant, moi l'humble serviteur de M. le marquis.

— Bonjour, dit Louvois; vous m'avez entendu, n'est-ce pas?

— Mais à peu près, monseigneur.

— J'admirais comment vous faites, mon cher M. Desbuttes, pour toucher ainsi du nez le sol sans plier les genoux. C'est une spécialité, savez-vous.

— Monseigneur est trop bon.

— C'est d'autant plus remarquable que vous n'avez presque pas de nez.

— Monseigneur a daigné le remarquer?

— Il est vrai que vous n'avez pas du tout de jambes; le buste est long — qu'il se baisse — et voilà le nez à terre! c'est très-fort.

— En vérité, dit Desbuttes un peu effarouché, monseigneur me fait l'honneur d'être aujourd'hui d'une humeur charmante.

Le front de Louvois se plissa.

— C'est vrai, trop gai, trop gai, murmura-t-il.

— Causons affaires. Eh bien ?

— Eh bien ! monseigneur, si votre Grandeur veut me questionner...

— On dit votre Grandeur aux évêques, monsieur Desbuttes.

— Pardon, monseigneur.

— Voyons, que me rapportez-vous de ce voyage!

— Rien pour le présent, monseigneur, mais beaucoup en espérances.

— Quoi donc?

— Monseigneur... je ne vous parlerai pas de certaines privautés entre mon parrain et ma marraine... car je sais maintenant à quoi m'en tenir.. j'ai des preuves.. c'est constaté.

Et il tendit à Louvois quelques papiers

que celui-ci parcourut vite et sans intérêt.

— On pourra s'en servir, dit-il. Cette date coïncide avec certain voyage...

— D'une dame qui a été vue aux environs de Givry, et même de Lavernie... une dame parisienne. Voici quelques documents :

Et il offrit encore au ministre des papiers sur lesquels Louvois fondit comme un vautour.

— Oui, murmura-t-il en les lisant; oui,

mais cela ne prouve rien ; qu'elle ait été à Lavernie à cette époque... elle ne le nie point.

Desbuttes tendit un autre papier.

— Qu'est-ce que cela?

— L'acte de naissance de M. de Lavernie à la date du voyage de cette dame parisienne.

— Oui, dit Louvois, mais qu'en puis-je induire? Parlons un peu de vos espérances. Sur quoi reposent-elles?

— Monseigneur, elles reposent sur un certain vieillard, le chirurgien qui assista madame de Lavernie en couches.

— Eh bien! quoi?

— Ah! dame, monseigneur, cet homme-là est à moitié idiot et à moitié mort; mais si nous avions le bonheur qu'il eût pendant deux heures l'étrange mémoire que je lui ai vue pendant cinq minutes, et qu'il vécût assez pour vous écrire ce qu'il raconte si ingénieusement en ses moments lucides, — ma foi, monseigneur, vous m'auriez donné une mission qui vous rapporterait de gros bénéfices, et à moi de beaux gages, — bien que j'aie, je l'avoue, dépensé beaucoup d'argent dans cette tournée.

— Qu'est-ce donc, bon Dieu! que cette trouvaille!

— Tout bonnement ce peu de mots que le vieux fou m'a lâchés à l'oreille. Il faut vous dire que je parlais avec lui de la fortune de M. de Lavernie, pour le faire causer : « Ah! si l'on savait à la cour, m'a-t-il dit en clignant ses yeux éraillés, ce que je sais de la naissance du jeune monsieur le comte!...

— Eh! que sait-il? s'écria Louvois avidement.

— Voilà! que sait-il? J'ai eu beau le presser, le pousser, le secouer, pour exprimer quelques gouttes de plus, — rien! — la cervelle s'était congelée. J'ai pourtant dépensé beaucoup pour le séduire...

— Il fallait attendre, malheureux!

— Monseigneur, j'ai attendu plusieurs jours, guettant toujours le retour des idées : la seule chose que j'aie pu arracher encore, c'est que ce brave homme tenait ce qu'il dit savoir, du feu comte de

Lavernie, qui l'avait consulté à la mort de son premier fils.

— Consulté sur quoi?

— Voilà; sur quoi? il s'est arrêté là, et *subito* congélation du *cerebrum*, comme on dit en médecine.

— Vous êtes bien heureux, monsieur, de savoir comment on parle en médecine, dit Louvois d'un ton bourru; mais j'eusse aimé mieux savoir comment parle ce chirurgien.

— A force de m'envoyer là-bas avec

une bourse garnie, monseigneur le saura peut-être.

— Vous êtes un fat, s'écria Louvois en se sculptant les doigts avec les dents et les ongles... Oh! que l'homme est une brute mal faite.... Oh!.... la fenêtre, la fenêtre au cœur!...

En disant ces mots, Louvois jeta un regard à la dérobée sur Desbuttes, qui baissait modestement les yeux et lui fit une haineuse et méprisante grimace.

— Ainsi, dit-il impatiemment, c'est tout ce que vous avez recueilli?

— Hélas, monseigneur, malgré mes dépenses...

— Absolument tout?

Desbuttes ouvrit ses mains en signe de vide.

Louvois poussa un soupir.

— C'est égal, se dit-il, voilà un commencement. Cessons de parler de mes affaires; passons aux vôtres. Avez-vous eu plus de bonheur que moi, en passant à Paris, pour surveiller votre femme?

— Mais oui, monseigneur — oh! d'abord, moi j'ai de la chance.

— Vous avez acquis la certitude que votre femme est innocente, sans doute?

— Au contraire, monseigneur — s'écria Desbuttes avec satisfaction — criminelle, tout-à-fait criminelle, prouvé!...

— Quoi? le flagrant délit? Pauvre M. Desbuttes.

— Hélas! non, monseigneur, je n'ai pu y réussir, malgré tous mes efforts, et je commençais à douter de mon bon droit, quand tout-à-coup, voyez, monseigneur, quelle chance! il m'est tombé, je ne sais d'où, du ciel, probablement, une lettre écrite à ma femme, avant qu'elle fût ma femme, par ce Belair; oh! une lettre, monseigneur, à faire pendre l'un et à brûler l'autre. Mon Dieu! que la police est donc bien faite!

— N'est-ce pas? alors qu'est-il résulté?

— J'ai communiqué cette lettre à un commissaire de mes amis — que j'avais connu à l'archevêché pour l'affaire des culottes... monseigneur se rappelle...

— Oui, oui, eh bien?

— Eh bien, monseigneur, ce galant homme a pris chaudement parti pour mon honneur : et à l'heure qu'il est ma femme..

— A été admonestée, j'espère.

— Oh! mieux que cela, monseigneur, elle est à la Bastille.

Louvois froidement.

— C'est un peu sévère, dit-il, mais la

loi est positive... et le complice... M. Belair?

— Ah! monseigneur... celui-là ne s'est pas laissé arrêter, il a coiffé le commissaire avec une guitare qu'il tenait, et s'est enfui. On le retrouvera.

Louvois frappa violemment sur la table.

— Le commissaire votre ami est un belître, s'écria-t-il; mais, comme vous disiez, on retrouvera le virtuose. Quoi qu'il en soit, vous êtes satisfait, n'est-ce pas? Votre femme est punie, réclamez-vous encore quelque chose?

— Monseigneur... rien absolument... que vos bonnes grâces.

— Vous les avez.

— Et une petite note...

— Donnez. Je vous ferai passer les fonds.

— En temps utile, murmura Desbuttes, c'est lui qui me l'a appris.

Puis tout haut :

— Monseigneur verra quel zèle et quelle économie j'ai apportés.

— J'apprécierai, répliqua le ministre en mettant la note dans sa poche.

Desbuttes soupira, il savait trop bien la valeur de ce mot dilatoire.

En ce moment, le médecin Séron entra pour prévenir Louvois que le roi se disposait à partir pour Saint-Ghislain; que ses carrosses étaient prêts.

— A Saint-Ghislain! il irait sans moi! Oh non!

Et Louvois aussitôt demanda son chapeau, ses gants et des chevaux.

Le médecin tenait sur un plateau le verre d'eau de Forges ; Louvois allongea la main pour le prendre.

— Donnez, dit-il, mon bon Séron.

— Non pas, fit le sombre médecin, je reprends mon eau.

Et il retira le verre.

— Etes-vous fou, Séron, vous me faites perdre mon temps.

— Non, monseigneur, cette eau n'est

efficace que pour les gens calmes. Je vous vois trop agité pour boire.

— Eh! si je ne buvais mon eau de Forges que dans mes jours de calme, je n'en boirais jamais. Donnez, donnez... Si c'est de l'eau sur du feu, tant mieux.

— C'est de l'huile sur du feu, menseigneur.

— Eh bien! je n'en brûlerai que plus vite. Oh! puissé-je brûler si fort, que j'incendie autour de moi tout ce qui gêne mon édifice.

Il but avidement, prit son portefeuille, et courut à ses chevaux.

Puis, se tournant vers Desbuttes, qu'il avait oublié un moment, et qui attendait quelque retour au mot : j'apprécierai.

— Partez, dit-il, je n'ai plus affaire de vous. Bonjour.

Desbuttes s'inclina jusqu'à terre, enchanté d'avoir caché son visage bouffi de contentement.

Comme il arrivait aux lignes sur son cheval, avec force réflexions lugubres et un ennui profond de sa grandeur, un homme couvert de poussière et de sueur, égaré, haletant, éperdu, l'arrêta, pour lui dire d'une voix qui n'avait plus rien d'humain :

— Lavernie, monsieur... Gérard, monsieur, ou est Gérard ?...

Mon parrain !... s'écria Desbuttes en arrêtant son cheval, sous les pieds duquel se précipitait le pauvre abbé... Quoi !... il ne me reconnaît pas... Mon parrain... c'est moi... Que regarde-t-il donc avec ces yeux effrayans.

L'abbé lui montra d'une main tremblante un groupe de soldats et d'officiers qui s'assemblaient tumultueusement autour d'un homme debout et désarmé.

— Que font ces gens-là? dit Desbuttes.

— Là-bas! là-bas!... c'est lui, répliqua Jaspin. Oh, moi vivant, ils ne le tueront pas.

Et le pauvre abbé reprit sa course folle, chancelante, en criant :

— Grâce! grâce! attendez!... j'arriverai!

— Voyons un peu ce que cela signifie, dit Desbuttes, qui mit son cheval au trot pour suivre Jaspin, cela me distraira peut-être un peu.

IV

COMMENT LOUVOIS SE REPENTIT D'AVOIR RI
TROP VITE.

Le roi venait d'entrer chez la marquise à Saint-Ghislain. Autour de lui s'empressaient tous les serviteurs de madame de Maintenon. Parmi ces officieux si zélés se faisait remarquer mademoiselle Balbien à qui Sa Majesté d'ordinaire si gracieuse, n'accorda qu'un demi sourire, — le quart à peu près de la faveur quotidienne, ce qui indiquait à tous de combien de degré avait pu baisser depuis la veille le crédit de la maîtresse.

Le roi était en effet soucieux, sombre. Il évitait de regarder en face madame de Maintenon : celle-ci, polie et prévenante selon sa coutume, affectait plus de mansuétude encore et moins d'empressement. Cette tactique, à laquelle le roi ne faisait pas assez d'attention, dénote presque toujours chez les femmes fortes la certitude tacite qu'elles ont d'un droit et l'intention de le faire valoir en temps utile, — comme eût dit Desbuttes.

On offrit au roi quelques pâtisseries maigres qu'il accepta, mais sans leur accorder l'attention toute distinguée dont il les favorisait d'habitude. Et il n'eut pas plus tôt effleuré l'un des gâteaux, qu'il le replaça sur le plateau de Chine, en regardant Nanon pour qu'elle desservît.

La vieille fille obéit et sortit de la chambre, non sans avoir échangé avec sa maîtresse un regard furtif qui, chez la marquise, signifiait : *Souvenez-vous de mes ordres*, et chez Nanon : *Soyez tranquille.*

A peine les deux époux royaux furent-ils seuls :

— Je ne vous demande pas, madame, dit le roi, si vous êtes remise de vos frayeurs d'hier, votre visage annonce une parfaite santé d'esprit et de corps.

— Oui, sire, mais il n'en est pas de même de Votre Majesté. Je lui trouve une figure moins gaie que je ne le voudrais.

— C'est à cause de vous, madame, répondit le roi, qui brûlait d'entrer en matière.

— Oh moi! dit la marquise, dont le cœur battait malgré son sourire, et qui feignit de prendre le change sur ces paroles, moi, je n'y pense plus. Ainsi, comme j'étais la plus à plaindre, et que je ne me plains plus, tout est pour le mieux.

— Vous ne m'avez pas comprise, interrompit le roi toujours froid. Certes vous avez couru un grand danger; il nous faut louer la Providence de vous y avoir arrachée.

— Un peu aussi le roi Guillaume, dit

bravement la marquise, qui aimait mieux crever le nuage pour qu'il éclatât sur-le-champ.

— Soit, ajouta Louis XIV d'un ton piqué, à chacun selon son mérite, vous avez raison; mais cette heureuse chance, ou cette générosité, comme il vous conviendra de la nommer, ne me transporte pas au point de me faire oublier l'imminence du péril et l'imprudence aveugle qui vous y a précipitée.

— Qui donc a été imprudent ou aveugle? demanda la marquise.

— Vous, madame.

— En quoi, sire, je vous prie, ai-je provoqué mon enlèvement?

— L'ignorez-vous, malgré tout le bruit que fait depuis hier cette trahison?

La marquise, mordue au cœur, ne témoigna rien, qu'un étonnement profond.

— Je ne comprends pas, dit-elle.

— Il faut donc tout vous dire, marquise, — il le faut au risque de vous affliger, — mais je vous rendrai service, en prévenant ainsi vos yeux de se mettre désormais en garde et de ne plus livrer à des gens indignes le chemin de votre confiance.

— Eh! sire, voici du phébus, dit la marquise, en riant d'une façon si charmante, que nul n'eût soupçonné ce rire de déchirer la gorge d'où il s'élançait.

— Je m'explique mieux, alors... Quelqu'un a livré Saint-Ghislain au roi d'Angle... au prince d'Orange; quelqu'un vous a par conséquent livrée, vous, sa bienfaitrice; et ce lâche, c'est votre protégé, M. de Lavernie.

— Oh! sire! s'écria la marquise, heureuse enfin, d'avoir toute raison pour rougir à l'aise et montrer son visage altéré.

— Oui, insista le roi, je suis forcé de vous le dire, d'autant mieux que Louvois n'y est pas; il avait bien raison, Louvois, il voyait bien clair, il lisait bien sur ce masque trompeur quand à Valenciennes, en votre présence, il a dit ces mots que je me rappelle. « Jamais sans religion et sans discipline, de bon soldat ou d'honnête homme. » Allons, allons, si Louvois était là, je ne lui donnerais pas ce triomphe sur vous, mais il l'a, il l'a, marquise.

Elle allait répondre. — Nanon grattant à la porte derrière la tapisserie :

— M. de Louvois, dit-elle, demande s'il peut avoir l'honneur d'entretenir S. M.

Le roi fit un mouvement.

— Non, dit-il, évitons de parler devant lui de ce malenconteux sujet. Je ne veux point vous mortifier marquise.

— Mais pourquoi donc, dit-elle assez fièrement, ne supporterais-je pas la punition de mes fautes? — Sire, ce serait d'une âme peu chrétienne, et je pratique plus vaillamment la contrition. M. de Louvois a raison contre moi. C'est rare : il doit en profiter. D'ailleurs, m'est-il prouvé qu'il a raison? Nanon, faites entrer M. de Louvois.

— Oh! marquise! marquise, dit le roi fâché à la fois de cet orgueil qui l'exposait à une rencontre fâcheuse de deux caractères ennemis, — et satisfait de pouvoir humilier un peu ce querelleur orgueil dans une occasion où les faits eux-mêmes rendaient justice à son ministre, sans qu'il fût obligé, lui le roi, de se prononcer.

— Vous l'aurez voulu, dit-il à la marquise; hélas! vous en allez apprendre de belles!

Louvois parut. Tout ce qui peut tenir dans un cœur de joie hypocrite, de fiel édulcoré par la politesse, de vengeance qui espère, tout ce noir assaisonnement de la haine triomphante emplissait tellement le cœur de Louvois, qu'il n'y restait plus de place pour une seule goutte d'inquiétude et de prudence.

— Venez, monsieur, lui dit courtoisement la marquise, venez achever par vos éclaircissements de me confondre comme je le mérite... Vous voyez une personne bien confuse, bien malheureuse et bien frappée.

Louvois regarda le roi, qui lui dit :

— Madame vous parle de Lavernie, dont je lui racontais en peu de mots l'abominable action et cette belle âme se refuse encore à y croire.

— Hélas! madame, dit Louvois d'un ton plein de douceur, il n'est que trop vrai, toutes nos prévisions sont malheureusement justifiées.

— Vos prévisions, monsieur, car pour moi je m'obstinais à les combattre.

— A présent, il serait trop tard, interrompit le roi, et vous manqueriez de votre sagesse et de votre droiture ordinaires. Trop tard, d'ailleurs, sous tous les rapports, car mes ordres sont partis. N'est-ce pas, Louvois?

— Partis, oui, sire, et publiés.

— Quels ordres, donc? demanda la marquise.

— Impitoyables, il faut l'avouer, s'écria le roi; mais c'est avec cette rigueur qu'on doit extirper la trahison dans une armée française. Dieu merci, cette herbe empoisonnée y est rare! Je veux qu'elle y devienne inconnue, fabuleuse.

— Madame la marquise désire savoir. dit Louvois bénignement, la teneur de ces ordres? Sa Majesté veut-elle me permettre de la faire connaître? — Eh bien. Madame, continua-t-il, autorise par un geste du roi :

« Ordre est donné d'appréhender au corps partout où il se trouvera, ledit sieur de Lavernie, et de le faire passer par les armes sur-le-champ, sans appel. »

— Peut être dit Louvois avec la volupté d'un furet qui boit le sang, peut-être un reste de bonté, plaide-t-elle encore pour ce Lavernie dans le cœur de madame — mais cette bonté serait mal employée.

— Vous en êtes sûr? demanda froidement la marquise, que toutes ces grosses cruautés n'effrayaient point pour Gérard qu'elle savait prisonnier du roi d'Angleterre.

— Oh! trop sûr, répliqua Louvois avec un soupir de tartufe.

— M. de Lavernie a livré St-Ghislain et moi aux ennemis?

— Madame la marquise n'a-t-elle pas été enlevée.

— C'est vrai, — mais je ne sais pas si c'est par la trahison de M. de Lavernie.

— M. de Lavernie a disparu du camp, dit le roi, précisément à l'heure où les Hollandais entraient ici.

— Et M. de Lavernie est venu ici?.. demanda la marquise avec tant de doute désobligeant, que Louvois qui commençait à s'irriter de ce dialogue, lui répondit :

— Vous le savez bien, madame!

— Moi, pourquoi? continua-t-elle avec un flegme qui eût dû faire sentir à Louvois le piége tendu sous ses pas; mais l'ivresse de la haine aveugle.

— Parce que Madame, poursuivit Louvois, désireux de bien battre son ennemie devant le roi, puisqu'elle commettait la faute de hasarder ainsi des explications, il fallait bien que votre protégé emmenât avec lui cette Hélène pour laquelle il trahissait sa patrie et sa bienfaitrice.

— Quelle Hélène? mademoiselle de Savières? dit la marquise.

— Madame la connaît bien, répondit Louvois au roi. Madame poussait la bonté jusqu'à enhardir de sa protection les espérances de ce jeune couple, dont le départ l'a payée d'une noire ingratitude.

— Mais vous êtes insensé, marquis de Louvois, dit tout-à-coup la marquise en se redressant. Que vous accusiez M. de Lavernie d'avoir passé à l'ennemi, je ne puis prouver le contraire, et je vous laisse dire. Mais que vous l'accusiez d'avoir enlevé mademoiselle de Savières, voilà ce que je ne souffrirai pas, pour l'honneur de cette jeune fille.

— Cependant il l'a enlevée! dit Louvois railleur.

— Non, monsieur.

— Où est-elle, alors? dit Louvois.

— Oui, dit le roi, où est-elle? Je l'ai demandée moi-même à la supérieure.

— Et moi à tout le couvent, ajouta Louvois.

— Ce n'était peut-être ni à la supérieure, ni à tout le couvent qu'il fallait la demander, dit la marquise d'un ton lent et solennel, et en regardant le ministre avec un éclat qu'il prit pour de la forfanterie.

— A qui donc? s'écria-t-il impudemment.

— A moi ! dit la marquise.

— Vous sauriez où elle est?... interrogea le roi.

— Si j'eusse pu savoir hier ce que j'apprends aujourd'hui, et que Votre Majesté m'eût fait l'honneur de me demander mademoiselle de Savières, j'eusse répondu comme je vais répondre.

— Voyons! fit Louvois inquiet, mais plus insolent que jamais.

La marquise sonna, la tapisserie se leva tout-à-coup et Nanon parut.

— N'avez-vous pas ici près, la pensionnaire malade? dit madame de Maintenon.

— Oui, madame, répliqua Nanon d'une voix incisive comme la hache qui tranche.

Et elle amena par la main dans la chambre Antoinette toute pâle et toute tremblante.

— Voici mademoiselle de Savières, dit tranquillement la marquise.

Le roi demeura saisi de surprise. Louvois livide et les yeux hagards recula devant le spectre que venait de lui susciter sa terrible ennemie.

Ce tableau dura quelques secondes avant qu'aucun des personnages qui le composaient eût songé à proférer une parole, tant les impressions de tous étaient puissantes.

Alors on entendit gratter à une porte qui donnait sur la galerie voisine. Manseau ouvrit, et s'approchant de sa maîtresse après un humble salut au roi:

— Madame, dit-il à voix basse, celui que vous attendez est là.

— Bien ! répondit-elle plus bas encore. Placez le derrière la porte de la galerie et recommandez-lui d'entendre ce qu'on va dire ici.

Manseau se retira de son côté; Nanon du sien.

— Mademoiselle, dit à Antoinette la

marquise sans paraître remarquer l'émotion de Louvois, qui se soutenait à peine, voici M. de Louvois qui vient vous chercher pour vous emmener de Saint-Ghislain ; êtes-vous remise de l'indisposition qui vous a retenue hier ; et pouvez-vous le suivre?

Antoinette, en proie à sa douleur et à sa haine, appuyait ses deux mains sur son cœur prêt à se briser.

— Répondez donc, mademoiselle, dit le roi avec une politesse pleine d'intérêt.

La jeune fille leva les yeux au ciel pour demander du courage à la Vierge, mère et refuge de toutes les douleurs ; puis, fondant en larmes, elle vint se précipiter aux pieds du roi en s'écriant :

— Sire... sauvez-moi de mon persécuteur !

Le visage de Louvois prit une teinte sinistre dont la marquise elle-même s'épouvanta, bien qu'elle eût calculé tous les résultats d'une pareille guerre.

— Qui donc vous persécute ? demanda le roi surpris.

— Moi, sans doute ? fit avec une ironie effrayante le marquis.

Antoinette se levant avec énergie.

— Oui, vous, monsieur, reprit-elle en tremblant d'une généreuse colère — vous, qui depuis mon enfance pesez sur ma vie et l'écrasez de douleurs sans que jamais vous ayez pu me dire de quel droit vous m'accablez.

Antoinette, avec son geste hautain, son regard flamboyant, sa pâleur nacrée, frappa l'esprit du roi comme l'une des plus sublimes beautés qu'il eût encore contemplées.

La marquise croisa ses deux mains sur

sa mante, et resta impassible; son œil errait lentement d'Antoinette à Louvois, de Louvois à la tenture de la galerie frissonnante.

— Marquis, on vous accuse, dit le roi, et violemment, ce me semble.

— Il m'eût bien surpris, bégaya le ministre, de ne point rencontrer ici quelque violente accusation.

— Répondez, monsieur, en face du roi! s'écria Antoinette, en qui vivait alors et bouillonnait ce sang terrible, indomptable, que Louvois ne put méconnaître. Oui, je vous accuse de m'avoir rendue la plus malheureuse et la plus humiliée des créatures. Où sont mes parents? Qui sont-ils? J'en ai, je ne les ai jamais connus. Sont-ils morts? Montrez-moi les preuves de mon origine, que cent fois je vous ai demandées ou fait demander vainement. Un enfant, fût-il un enfant perdu, tient à quelque fil mystérieux en ce monde. Et pour qu'un homme tel que le marquis de Louvois emploie toute sa puissance à cacher, à ensevelir cet enfant, il faut bien croire que le mystère en vaut la peine. Monsieur, le roi est père de tous ses sujets, le roi est mon père, je l'adopte, il me défendra ou va me condamner. Sire, M. de Louvois veu, me forcer à faire des vœux. Je crains de ne pas servir Dieu comme il le mérite. Sire. M. de Louvois détruit autour de moi tout ce qui me protége et m'aime. Pourquoi? Vous voyez qu'il ne répond pas; vous êtes son maître, sire, demandez-lui à quel endroit il a pris mon berceau, à quel endroit il veut creuser ma tombe.

Le roi, puissant et mystérieux comme une divinité antique, apaisa de la main l'indignation et la douleur qui débordaient du cœur de cette jeune fille. Il se tourna vers Louvois et lui dit :

— Répondez, marquis... quelle est cette enfant?

— Sire, dit le ministre dont la sueur inondait le visage, où chaque muscle tressaillait, la réponse sera facile, et toutes ces fureurs étaient superflues pour l'obtenir de moi. Si je n'ai pas jusqu'ici répondu à mademoiselle, c'est qu'il est de certains secrets qu'une jeune fille n'a pas besoin de connaître, et que d'ailleurs, un homme comme moi ne révèle jamais.

Si j'ai élevé mademoiselle, si je lui veux imposer une profession, c'est que j'en ai le droit. L'eussé-je rendue malheureuse, comme elle dit avec tant d'amère ingratitude, c'était encore mon droit;

droit sacré, incontestable, que nul au monde ne saurait me disputer.

— Mes parents, mes parents! Nommez-les! s'écria Antoinette.

— En les nommant je transgresserais ce droit même que j'invoque, dit le marquis d'une voix éclatante. Il ne me plaît pas, à moi, de les nommer. Qui sait si je ne protége pas, par mon silence, l'honneur de toute une maison! Qui sait si je ne suis pas le dépositaire d'un secret dont la révélation causerait plus de calamités que cette enfant ne déplore de puériles misères. — On naît malheureux, on naît condamné à la souffrance, sire, cela s'est vu dans les plus illustres familles, cela s'est vu dans les maisons royales. On naît réprouvé des hommes, réprouvé du ciel, renié par sa mère, et quiconque paraît dans le monde sous cette loi funeste doit se courber, étouffer ses larmes, et s'en rapporter à la clémence de Dieu. Je dis donc que je ne nommerai pas les parents de cette jeune fille, même au roi, mon maître, à moins qu'il ne me le demande tout bas, comme au pénitent le confesseur; et s'il est quelqu'un sur la terre qui ait le droit de démentir mes paroles ou de contester mon droit, s'il est un parent, un allié de cette jeune fille qui puisse m'accuser de la détenir injustement et qui me reproche ma domination sur elle, qu'il se montre...

— Me voici! dit une voix grave, sortie comme un lugubre écho du fond de la tapisserie, et à laquelle répondit un cri d'Antoinette.

Et le Hollandais s'avança tranquillement au milieu de la chambre.

— Quelle est cette comédie? bégaya Louvois étouffant de fureur.

— Qui êtes-vous, demanda le roi à cet étrange interrupteur.

— Je suis le père de cette enfant; je m'appelle Van Graaft, et jamais je n'ai confié ma fille à cet homme.

— Van Graaft! murmura Louvois en pliant sous le coup de foudre comme un chêne fracassé.

— Facteur Brossman, dit Van Graaft n'étais-je pas le mari d'Éléonore ? Voulez-vous que nous racontions à cette enfant pourquoi elle a perdu sa mère ?

Louvois étranglé, aveuglé par le sang qui affluait à sa gorge et à ses tempes, tomba à demi-mort sur un fauteuil. La marquise venait de le terrasser avec ce regard victorieux dont l'archange saint Michel accompagna Satan précipité.

v

RÉPARATION.

Antoinette, saisie d'un vague effroi, s'étonnait de rester presque insensible en présence de cet homme qui s'avouait son père. Elle attachait sur lui des regards irrésolus : malgré l'émotion, la pâleur de Van Graaft, elle hésitait à reconnaître en lui cette Providence qu'on appelle un père, et que tant de fois elle avait rêvée noble, poétique, souriante et doucement tutélaire.

Quant au Hollandais, l'aspect de cette jeune fille qu'il venait d'appeler son enfant, l'absorbait en des souvenirs terribles. Dévoré par le ressentiment, saisi au cœur par une espérance insensée, il cherchait sur les traits, dans la taille, dans la démarche d'Antoinette, quelque chose qu'il tremblait de n'y pas voir, ou quelque ressemblance qu'il s'épouvantait d'y trouver.

Cette entrevue de deux personnes si proches, cette sombre et glaciale reconnaissance du père et de la fille, composaient une scène assez étrange pour que les spectateurs en fussent profondément frappés.

Le roi surtout, le sourcil froncé, regardait chacun avec défiance, et ramenait invariablement ses yeux irrités de la marquise à Louvois.

Madame de Maintenon, le front haut,

le visage serein, était allée prendre les mains d'Antoinette, qu'elle voyait près de chanceler sous le poids de tant d'émotions.

Louvois, incapable de réunir deux idées, attendait, et, machinalement, par instinct, reposait son esprit pour une lutte nouvelle.

Le roi, se tournant vers lui :

— Marquis, dit-il, ne trouvez-vous pas qu'il serait temps de répondre ?

Le ministre essaya de faire un pas ; ses

jambes refusèrent de le porter en avant. Il s'appuya d'une main crispée au dossier d'une chaise, et répondit, avec un accent qui n'était pas exempt de noblesse :

— Sire, je ne sais comment faire comprendre à Votre Majesté que j'avais mille choses à dire; mais, la délicatesse me fait une impérieuse loi de ne point prononcer un mot, une syllable en présence de cette jeune fille

Tout homme est sujet à l'erreur, sire, et Votre Majesté peut croire que parfois le châtiment n'est point en proportion de la faute. Que mon roi m'ait compris, voilà tout ce que je demande. Il ne sera jamais pour moi un juge plus sévère que je ne le suis moi-même, et certains repentirs sont d'un grand poids dans la balance de Dieu.

Louvois en parlant ainsi avait peu à peu relevé la tête — Chaque fragment d'aveu, chaque appel à l'indulgence qui s'échappaient de cette âme arrogante la soulageaient comme le vaisseau dont on jette aux flots la cargaison dans une tempête. — Et lorsqu'il eut achevé de parler, le ministre osait regarder son maître du haut de son malheur et de son implacable orgueil si douloureusement sacrifié.

— Ainsi, ajouta le roi qui comprenait vite et allait toujours au but sans phrases et sans concessions, vous reconsez que monsieur...

— Van Graaft, dit la marquise venant au secours du roi, qui avait peur d'écorcher ce nom.

— Que M. Van Graaft, ici présent, est réellement le père de cette jeune fille?

— S'il s'appelle réellement Van Graaft,

oui, répliqua Louvois disputant jusqu'au dernier moment le terrain contre son ennemie.

Van Graaft, sans dire un mot, remit à la marquise une large lettre, scellée des armes du roi d'Angleterre.

— Sire, dit alors la marquise, M. Van Graaft qui attendait à ma prière, tout-à-l'heure, dans la galerie, est un Hollandais qui m'a ramenée hier à Saint-Ghislain par ordre de son maître, et cette lettre qu'il m'apporte doit renfermer quelques renseignements précis sur l'événement d'hier, notamment sur cette prétendue trahison dont nous parlions tout-à-l'heure, et qui, d'après les assertions de M. Van Graaft, témoin oculaire, ne serait pas plus vraie que la prétendue fuite de mademoiselle de Savières.

Le roi fit un mouvement qui, une seconde fois, ramena la sueur au front de Louvois.

— Il faudrait voir, murmura le ministre.

— Votre Majesté veut-elle prendre la peine de lire elle-même, dit paisiblement la marquise, en présentant à Louis XIV la lettre de Guillaume.

Le monarque hésita une seconde, considéra le cachet que Louvois dévorait des yeux, à distance, et rompit ce cachet.

— Signé Guillaume, dit-il.

Une nouvelle crainte, une nouvelle douleur ranimèrent peu à peu Louvois, qui se releva comme le serpent mal écrasé.

Louis commença à lire.

« Madame, je voulais faire ramener au roi par mon digne ami Van Graaft, qui vous rendra cette lettre, le prisonnier que mes gens ont fait dans Saint-Ghislain, malgré sa défense vigoureuse... »

— Vous voyez, sire, que monsieur s'appelle bien Van Graaft, interrompit la marquise.

Louis considéra attentivement cet étrange personnage que Guillaume appelait son ami, et qui, plein d'une respectueuse et bienveillante familiarité regardait à son tour, sans baisser la vue, ce grand roi, ce soleil, devant qui s'abaissaient tous les regards.

— Et vous devez être convaincu, en outre, Sire, ajouta la marquise, de l'innocence de M. de Lavernie.

Antoinette tressaillit à ce nom qui lui confirmait tant d'espérances écloses depuis la lecture de la lettre.

— Assurément, répondit le roi, mais cela ne m'explique pas pourquoi M. de Lavernie était venu à Saint-Ghislain malgré ses arrêts!

— Parlez à votre tour, mademoiselle, dit la marquise, et ne craignez pas. On ne risque jamais rien à dire la vérité au roi.

— Sire, dit la tremblante jeune fille, M. de Lavernie savait les desseins de M. de Louvois et mon prochain départ de l'abbaye. Il voulait m'engager à ne pas m'éloigner sans l'avoir prévenu du lieu où l'on me conduirait, et voilà pourquoi il a commis cette faute de quitter le camp pour venir à Saint-Ghislain. Sire, c'est moi qui suis seule coupable! Oh! n'accusez que moi... Si vous saviez, sire, avec quel courage M. de Lavernie s'est jeté, l'épée à la main, au milieu des ennemis qui l'ont englouti!...

Le roi réfléchit un moment et se pénétra profondément de la sincérité qui respirait dans le geste, l'accent et les larmes de la jeune fille.

— Et... M. de Lavernie? demanda la marquise impatiente à Van Graaft, où est-il donc?

Van Graaft désigna du doigt la lettre que le roi n'avait pas achevée et qu'il se remit à lire : « Mais on m'apprend, écrivait Guillaume, que cet officier, au moment où je l'envoyais chercher, vient de s'échapper en me tuant, bien que sans armes, trois de mes meilleurs dragons. Il s'est donc rendu lui-même la liberté que je voulais lui donner pour conserver au roi un honnête et vaillant serviteur, et, sans doute, au moment où vous recevrez cette lettre, l'officier sera rentré au camp français. »

— Le malheureux, s'écria le roi, mais s'il est rentré, c'est un homme perdu... l'ordre n'est-il pas donné de le mettre à mort sans délai ?

Antoinette poussa un cri déchirant. La

marquise pâlit à son tour sous le regard de Louvois, empreint d'une joie féroce.

— Sire, dit la marquise en proie à un frisson nerveux qui vengea Louvois de tout ce qu'il venait de souffrir, le comte n'est pas coupable : Votre Majesté ne permettra pas qu'un innocent périsse victime d'une rigueur imméritée.

Antoinette tomba éperdue aux genoux de Louis XIV.

— Je vais expédier des ordres contraires, dit le roi.

— O quelle rage de précipiter toujours

le châtiment, s'écria la marquise... Hâtez-vous, sire, je vous en supplie! M. Van Graaft, à quelle heure s'est échappé M. de Lavernie, ce matin?

— A dix heures, madame.

— D'où?

— De Soignies, où Guillaume a logé cette nuit.

— Il est une heure. Mon Dieu!... peut-il être arrivé en trois heures?

— Je suis bien arrivé, moi, depuis une

demi-heure, dit froidement le Hollandais, comment l'officier ne serait-il pas rendu au camp étant parti une demi-heure avant moi?

Louvois, immobile, respirait et souriait.

— Oh! monsieur, lui dit la marquise avec des efforts inouïs pour ne pas laisser éclater son exaspération, son désespoir, si ce jeune homme meurt, je crains bien pour vous la colère divine. Aidez au roi, monsieur; mais aidez-lui donc!... Ne voyez-vous pas que ce sang retombera sur votre tête!

— J'attends les ordres du roi, madame, et les exécuterai avec zèle, comme toujours, répliqua lentement le sombre ennemi de la marquise ; seulement, j'ai bien peur qu'ils n'arrivent un peu tard.

Tout-à-coup des cris perçants retentirent dans le vestibule et glacèrent d'épouvante tous les acteurs de cette lugubre scène. — Le roi laissa tomber la plume qu'il tenait. Louvois dressa l'oreille. Van Graaft lui-même trembla, remué jusqu'au fond des entrailles par ces gémissements qui arrachaient des soupirs aux voûtes de l'abbaye.

La porte s'ouvrit, et un spectre plutôt

qu'un homme vint se précipiter à deux genoux au milieu de la chambre, en s'écriant :

— Non, madame, non... vous ne le laisserez pas mourir !

— Jaspin ! murmura Louvois, tandis que la marquise épouvantée relevait l'abbé et lui saisissait les mains comme pour étouffer les paroles, les aveux terribles suspendus à ses lèvres.

— Sire, dit-elle, c'est le précepteur, l'ami de ce malheureux... de cet innocent !...

— Il est innocent! n'est-ce pas! criait l'abbé... Vous ne le laisserez pas mourir...

— Oui, oui... nous le sauverons, nous le sauverons, dit la marquise. Tenez, voilà l'ordre du roi!...

Jaspin fondit sur l'ordre signé, qu'il lui arracha des mains.

— Eh bien... venez! venez vite, dit-il.

— Un courrier! un courrier! appela madame de Maintenon!

— Non, dit Jaspin, non pas un courrier ! un geste, un cri à cette fenêtre.

L'abbé se mit à ébranler de toutes ses forces la lourde fenêtre qui donnait sur la campagne, et d'une voix rauque, avec des gestes de joie frénétique :

— Arrêtez, arrêtez ! cria-t-il au loin, voilà la grâce : arrêtez !

Et il agitait le papier blanc.

— Se figure-t-il, par hasard, que son cri va porter à deux lieues ? dit Louvois en ricanant. Ne vous épuisez pas, brave homme ! un courrier ira plus loin que votre voix !

— Mais ils sont là ! dit Jaspin... Ils viennent !

— Ils viennent? dit Louvois en se précipitant, lui aussi, à la fenêtre.

— Ils me voient !... Ils m'ont vu !... Ils s'arrêtent ! s'écria l'abbé en tombant à genoux, pour rendre grâce à Dieu.

— Oh ! malheur ! rugit Louvois entre ses dents.

En effet, on distinguait de cette terrasse une troupe de cavaliers, la carabine au poing.

Au milieu des chevaux marchait à pied le comte de Lavernie, et tous ces cavaliers venaient de s'arrêter sur le point culminant de la petite plaine, près de l'endroit où Gérard avait dû passer pour pénétrer dans St-Ghislain.

Maintenant comment les chevau-légers étaient-ils venus si loin au lieu d'exécuter près des lignes l'ordre qui leur avait été donné le matin même.

On sait combien M. de Rubantel avait pris à cœur cette trahison de son lieutenant qui déshonorait le corps tout entier. On peut se rendre compte, par conséquent, de l'effet qu'avait produit l'arrivée imprévue de Lavernie aux avant-postes.

Arrêté dès les premiers pas, et se livrant d'ailleurs lui-même, il avait été remis aux chevau-légers sur sa demande.

A chacune des explications si nettes qu'il donnait, Rubantel avait répondu par un de ces silences de glace qui révèlent une prévention impossible à déraciner, une conviction fortifiée par tous les préjugés du point d'honneur.

Gérard, qui n'avait jamais menti, et qui devait espérer que ses paroles le laveraient de tout soupçon, fut tellement blessé de cette opiniâtreté de ses camarades, qu'il répondit en relevant la tête :

— Je n'ai plus envie de lutter contre la fatalité. Je vois que vous êtes tous aveuglés et fous, dès que pas un d'entre vous n'est convaincu de mon innocence par mon retour spontané au camp ; je n'ai pas d'autres preuves et n'en veux pas fournir. Quoi ! vous n'êtes pas frappés de ma présence ici ? Pourquoi y serais-je revenu si j'étais coupable ?... Vous vous taisez, c'est bien ; votre silence m'insulte et me provoque comme le plus sanglant outrage.

Rubantel lui répondit avec émotion :

— Nous ne sommes juges ni du motif qui vous a fait rompre vos arrêts — ni du motif qui vous pousse à revenir — j'eusse aimé mieux, quant à moi, ne vous revoir jamais. Tous ici, nous avions pour vous une haute estime, une tendre amitié, mais l'honneur du drapeau demande une satisfaction, et l'ordre du roi nous l'accorde — nous l'allons prendre — vous saurez que vous êtes condamné à mort. Nul de nous n'a le droit de différer ou de faire grâce.

— Du moment où vous me parlez ainsi, dit le comte avec une sombre colère, je n'ajouterai plus un mot : je voulais bien discuter pour mon honneur, je ne chicanerai pas misérablement pour ma vie. Entre vous qui m'outragez, et moi, c'est un combat mortel. Vous tirez les premiers ; faites !

Et sur-le-champ déposant toute colère et toute agitation, il se laissa entourer par les cavaliers sur lesquels tant de patience et d'abnégation produisit plus d'effet que les discours les plus persuasifs.

Déjà Rubantel avait remis la conduite de l'exécution à l'un de ses officiers, déjà l'on s'apprêtait à gagner une petite vallée formée par un pli de la plaine, lorsqu'arriva le malheureux Jaspin, éperdu, haletant, et qui, depuis une demi-lieue, suivait son élève sans pouvoir ni l'arrêter, ni le rejoindre.

La douleur de ce pauvre homme, ses protestations, les tendres embrassements qu'il prodiguait à ce stoïque condamné, achevèrent de remuer le cœur de Ruban-tel, très-tendre malgré sa rude écorce. Jaspin, repoussé vingt fois par Gérard, s'accrochait à lui, et menaçait de se faire fusiller avec lui. Le comte avait en vain supplié les chevau-légers d'enlever ce malheureux pour lui épargner la mort ou tout au moins l'agonie. Jaspin, dès qu'on voulait le prendre, se faisait suppliant, se calmait, réclamait le droit d'assister son enfant jusqu'au moment fatal; et parmi tous ces gentilshommes si irrités naguères et si décidés à punir le traître, il n'en était pas un qui ne pensât, les larmes aux yeux, que celui-là ne pouvait être un homme déloyal ou un lâche, qui inspirait de si sublimes et de si tendres dévouements.

Enfin comme Jaspin, les voyant émus, conjurait qu'on lui accordât le temps d'aller près de la marquise, et jurait sur son salut, sur la croix du Sauveur, qu'il rapporterait de St-Ghislain un ordre de surseoir à l'exécution, cette confiance de l'abbé, ce serment étrange fait avec la conviction la plus sacrée, achevèrent d'ébranler Rubantel qui s'écria :

— Non! je n'attendrai point, puisque l'ordre du roi est formel, et commande l'exécution immédiate; mais j'userai du droit qui m'est réservé par cet ordre même. Il y est dit que le chef de corps à qui écherra l'exécution, pourra choisir son terrain. Je choisis St-Ghislain, qui est le lieu où le crime a été commis — Chevau-légers, en route pour St-Ghislain ! — l'abbé, vous pouvez partir devant, nous n'irons pas vite puisque M. de Lavernie doit aller à pied.

L'abbé poussa un cri de joie, sauta au cou de Rubantel, et tout-à-coup, le regardant en face :

— Vous ne me trompez pas, dit-il d'une

voix tremblante, vous ne dites pas cela pour m'éloigner ?

— Me prenez-vous pour Louvois, répliqua le vieux soldat — Un cheval à l'abbé ! un des miens...

Jaspin fut hissé sur le cheval par vingt bras empressés qu'il baisait en pleurant de reconnaissance.

L'animal piqué, poussé, fouetté par les mêmes mains, prit un galop furieux dans la direction de l'abbaye.

Nous savons le reste.

Au moment où les chevau-légers s'arrêtèrent au lieu indiqué, non sans que le général eut mille fois interrogé du regard la noire abbaye, dans laquelle s'était précipité Jaspin, non sans qu'il eut appelé de toute son âme un signal de délivrance, la voix de l'abbé fendit les airs; le papier qu'il agitait frappa la vue de tous, et Gérard pâlit, lui qui avait fait, sans prononcer une parole et sans changer de couleur, le mortel trajet en recommandant à Dieu son âme, et son souvenir à Antoinette.

Les cavaliers s'alignèrent, Gérard demeura isolé, les bras croisés. Son regard tranquille se promenait sur une foule considérable de soldats et d'officiers que le bruit de son retour avait déjà attirés sur le lieu de l'exécution.

Jaspin arriva bientôt. On put le voir, se soutenant à peine, précéder de quelques pas une cavalcade brillante, au centre de laquelle s'avançait le roi. Ces mots : le Roi ! coururent comme un frisson électrique dans l'assemblée immense. Louis XIV entra dans le centre formé par les chevau-légers, et aussitôt le silence s'étendit sur ces rangs pressés d'hommes naguères si tumultueux, comme si la mort les eût tout-à-coup changés en statues.

— Où est M. de Lavernie? demanda le roi; qu'il approche!

Gérard fit quelques pas, et se courba respectueusement devant le prince.

— Monsieur le comte, dit Louis XIV, j'avais déjà expédié des ordres contraires à mon ordre de ce matin. Toutefois, comme il ne s'agit pas en cette circonstance d'une grâce, mais d'une réparation d'honneur, et que rien n'est plus délicat et plus précieux que l'honneur d'un soldat et d'un gentilhomme, j'ai tenu à venir vous faire moi-même cette réparation. Monsieur, une lettre du prince d'Orange vous justifie et vous réhabilite. Il vous proclame un de mes bons et loyaux serviteurs. Je déclare vous tenir pour tel, n'admettant point qu'on puisse jamais douter de la parole d'un prince, même ennemi, et fort disposé d'ailleurs, par vos antécédents, à vous croire vaillant et loyal. Voici la lettre du prince d'Orange; elle appartient désormais aux archives de votre famille; et quant à moi, monsieur, afin que nul ne révoque en doute la satisfaction que j'éprouve à vous faire justice, approchez-vous encore, je vous prie.

Gérard s'approcha en effet. Le roi se

pencha sur ses arçons et l'embrassa en lui remettant la lettre de Guillaume. Une formidable acclamation de l'assemblée alla frapper le ciel avec le cri de : Vive le roi ! qui fut répété du haut de la terrasse par deux femmes que Gérard entrevit et reconnut comme dans un nuage.

Alors cet homme si brave et si fort sentit la vie lui échapper ; son cœur gonflé se rompait sous la joie et la reconnaissance. Il voulut balbutier un remerciement, mais ses yeux s'obscurcirent, ses joues devinrent plus blanches que l'ivoire, et il tomba évanoui aux pieds du roi, dans les bras de Jaspin et de ses amis, qui s'empressaient en lui demandant pardon.

— Chevau-légers, ajouta le roi, je vous donne raison ce matin, donnez-moi raison à l'attaque générale, ce soir!

— Oui pardieu, sire! s'écria Rubantel, et des deux mains!

VI

LA DOT DE MADEMOISELLE VAN GRAAFT.

Desbuttes avait assisté avec tout le monde à cette réhabilitation de l'homme que Louvois s'acharnait à perdre, et l'affectation qu'avait mise le roi à honorer Gérard, à le consoler, en présence de toute l'armée, était pour le financier un symptôme manifeste de la décadence prochaine de son protecteur Louvois.

Du haut de son cheval, Desbuttes considérait ce frappant spectacle des instabilités humaines et son esprit spéculatif s'élançait à pleines voiles sur l'océan de la philosophie ; or, comme toute méditation a ses corollaires, Desbuttes résuma les siennes par celui-ci :

Je m'appuie sur Louvois ;

Louvois s'écroule,

Donc je m'écroule.

Voilà ce qu'il fallait empêcher. Desbuttes résolut d'y pourvoir en ne guerroyant pas avec trop d'âpreté contre les véritables maîtres de la situation, qui étaient madame de Maintenon et ses amis, M. de Lavernie et ses amis. Or, les amis de M. de Lavernie s'appelaient Jaspin et Belair! et que d'hostilités le traitant n'avait-il pas commises contre ces deux hommes?

Sa petite coquine de conscience fonctionnait comme un microscope et les lui montrait à l'état d'énormités.

Le premier résultat de ces méditations fut de pousser Desbuttes à se mêler aux gentilshommes qui accablaient Gérard de compliments, mais la froideur avec laquelle l'honnête Jaspin repoussa son filleul accrut toutes les appréhensions de ce dernier, qui s'éloigna la tête perdue, craignant d'avoir été aperçu dans cette fausse et vaine démarche par quelque espion de Louvois; et tout en cheminant pour rejoindre son maître et lui arracher le montant de sa note; il répétait cette pensée de Sénèque le tragique, dont il ne savait pas même le nom.

« Perdre mes ennemis, ou m'en faire adorer. »

Quant à la marquise, son premier mouvement de joie passé, elle avait cherché autour d'elle sur la terrasse et n'avait aperçu qu'Antoinette agenouillée, dans l'excès de sa reconnaissance. Van Graaft ne les avait pas suivies. La marquise le vit, soulevant la portière de la tapisserie, suivre d'un regard farouche, dans la cour de l'abbaye, Louvois qui montait à cheval et quittait, la mort dans l'âme, ces lieux témoins d'une des plus cruelles souffrances qu'il eût jamais endurées.

Le regard que surprit la marquise dans les yeux de Van Graaft, le mouvement qu'il fit pour s'élancer à la poursuite de son ennemi révélaient tant de haine active et de projets sanguinaires que la marquise, laissa mademoiselle de Savières sur la terrasse, où elle dévorait des yeux le départ de Gérard, et, s'approchant du Hollandais qui ne la sentit pas venir dans l'ardeur de sa contemplation :

— M. Van Graaft, dit-elle, causons, s'il vous plaît.

Il se retourna, laissant à regret s'enfuir son rêve de vengeance.

— Tandis que le roi est absent, et que

cette jeune fille ne peut nous entendre, continua-t-elle, remerciez-moi au moins d'avoir tenu ma parole, en vous faisant retrouver l'enfant que vous cherchiez.

— Je vous remercie, dit-il d'une voix sombre, d'avoir versé dans mon cœur un nouveau poison, plus dévorant que celui qui me brûlait depuis dix-huit ans. Oh! comme je me sens fort pour haïr maintenant.

— Haïr... qui? puisque vous triomphez.

— Ah! vous croyez que je ne hais pas cet homme? dit Van Graaft en montrant du doigt le cavalier rapide qui décroissait peu à peu en arpentant la plaine.

— Oui, cours! murmura-t-il avec une menace terrible à ce point lumineux devant lequel s'ouvraient les lignes de soldats. — cours! ma haine court plus vite que toi et t'atteindra bientôt!

— Que voulez-vous dire, monsieur Van Graaft?

— Je veux dire qu'avant le soir j'aurai tué cet homme, répliqua froidement le Hollandais, de sorte que je n'aurai plus sur la terre personne qui me conteste l'enfant d'Éléonore.

La marquise lui saisissant la main :

— Vous ne ferez pas cela, dit-elle.

— Pourquoi ?

Elle plongea résolûment son regard limpide dans cette âme bourrelée de ressentiments et de remords. Elle en éclaira les ténèbres : elle y déchiffra les caractères effrayants d'une volonté que n'arrêtait ni la religion ni l'humanité.

— Je pourrais vous faire avouer, dit-elle, que vous tremblez chaque nuit au souvenir du meurtre que vous avez commis. Je pourrais vous faire comprendre que le repos de votre vie entière a disparu depuis l'instant où vous avez répandu le sang. Mais, qui sait? vous me répondriez peut-être qu'un second meurtre effacera la mémoire du premier; je devine ce que vous allez me dire : le sang de Louvois est dû aux mânes de votre malheureuse femme.

— Oui, j'allais le dire, répondit-il naïvement, et c'est vrai : je dormirai tranquille le jour où j'aurai puni les crimes de cet homme.

— Ce n'est pas à vous, monsieur, qu'appartient le droit de punir, c'est à Dieu.

— Dieu est trop loin, répliqua le Hollandais.

— Qui vous dit qu'il n'est pas sur votre tête, sous la main que vous étendez !

— Depuis dix-huit ans, je ne le vois pas, reprit Van Graaft avec la brutale logique de l'athée ou du sauvage, tandis que je vois mon ennemi là-bas.

La marquise baissa la tête ; cette conversion ne lui paraissait pas de celles qu'on fait en un quart-d'heure.

— Vous n'êtes donc pas chrétien, monsieur Van Graaft, demanda-t-elle, à bout d'arguments.

— Je l'ai été ; mais comme la religion défend la vengeance, et que je veux me venger, j'oublie la religion.

— Vous n'oublierez peut-être pas l'honneur, s'écria la marquise, profondément blessée de cette féroce obstination.

Van Graaft interrogea du regard.

— Sans doute, monsieur : je suis bien forcée de vous parler le langage de la terre, puisque vous faites la sourde oreille aux plus salutaires avis de la sainte religion. Quelle est votre situation ici, dans le camp français? N'êtes-vous pas venu sous la sauve-garde du droit des gens? Ne vous regarde-t-on pas comme un ambassadeur du roi Guillaume? Avez-vous vu jamais un ambassadeur déshonorer son maître en assassinant quelqu'un dans le pays où il a été envoyé?
— Le roi Guillaume s'est trompé, vous n'êtes pas son ami, puisque vous médi-

tez d'imprimer une tache à son nom, déjà trop peu aimé en France.

Van Graaft écouta en silence et lorsqu'elle eut terminé :

— Voilà qui me persuade, dit-il, vous avez raison. je ne puis tuer ce misérable dans le camp français, je le tuerai autre part.

La marquise s'étonna de cette étrange fatalité qui sauvait la vie de Louvois par l'intervention de sa plus cruelle ennemie. Mais cette femme était une grande âme et presque toujours, chez elle, la noblesse d'un sentiment l'emportait sur l'utilité d'un dessein.

— Je ne saurais m'empêcher de regretter, dit-elle, que vous ayez cédé à une considération toute mondaine, quand il est tant d'autres raisons qui eussent dû vous émouvoir. Quoi! vous venez de retrouver votre enfant, et le premier acte de votre paternité serait un meurtre.

— Mon enfant! s'écria-t-il avec une colère féroce.

— Pourquoi l'avez-vous réclamée, si

vous la niez maintenant, dit la marquise. Par haine, par vengeance, par besoin de faire le mal? Oh! j'aurais cru, moi, que les souffrances endurées par cette enfant vous avaient frappé au cœur, et que vous la réclamiez avec tant d'énergie afin de la soustraire aux mauvais traitements de son ravisseur. Mais si vous ne demandez Antoinette que pour lui donner des exemples de violence, de cruauté, d'impiété; si vous lui réservez à elle-même ce doute offensant, mortel, qui la tuera plus sûrement que les sévices et les persécutions de Louvois, oh! alors, monsieur, c'est moi qui la réclamerai à mon tour, et qui vous dirai : Homme de haine, homme de vengeance, homme de sang, rendez cette enfant à Dieu, vous n'êtes pas digne du titre de père.

Van Graaft avec une noire mélancolie :

— Faites donc, murmura-t-il, que mes bras et mon cœur s'ouvrent quand cette enfant paraît. Voyons... vous, la consolatrice et la mère des orphelines, fondez la glace qui enveloppe ce cœur sur lequel je frappe sans y rien éveiller pour l'enfant d'Éléonore. Ah ! trouvez-moi des paroles sacrées, des sourires persuasifs, des prières comme vous les inspirez, vous, reine et femme accomplie, trouvez-moi un seul mot qui change ce doute que j'ai contre Antoinette en un doute pour elle... et alors, madame, oh! alors, je ne tuerai plus personne, je ne haïrai personne en ce monde, j'embrasserai tout l'univers en embrassant mon enfant! Jusque-là ne cherchez pas à m'inpirer des idées de clémence, contre lesquelles protestent dix-huit années de ma vie, dix-huit siècles de tortures — Vous me refuseriez cette jeune fille, dites-vous — ne craignez rien — je ne vous la demande pas — il ne faut point que sa pureté, que sa douceur, que sa blancheur de colombe risquent d'être souillées par le réjaillissement de la vengeance que je veux,

Tout ce que j'ai vu et entendu aujourd'hui, ici, me montre que déjà vous avez disposé de son avenir, continuez, je vous en conjure — c'est moi qui vous la confie, et j'en ai le droit, puisque je l'ai nommée ma fille — maintenant je la sais vivante, heureuse, livrée à l'amie la plus sage, à la protectrice la plus illustre, et de ce côté du moins je n'aurai plus ni remords ni chagrins. Quant à l'aimer... quant à la revoir...

— Silence, monsieur, dit la marquise; la voici.

Antoinette rentrait timidement, avec

un doux sourire, essayant toutes les forces de son cœur pour aimer ce père que Dieu lui envoyait. Van Graaft la considéra quelque temps avec cette douloureuse attention qui avait glacé déjà les élans de l'amour filial chez Antoinette; puis, s'approchant d'elle :

— Je vous trouve trop heureuse d'avoir excité l'intérêt de madame, dit-il, pour ne pas désirer que vous acheviez de gagner ses bonnes grâces; — Madame veut bien vous faire entrer dans sa maison de Saint-Cyr, non comme une orpheline, puisque vous avez un père, mais comme une pensionnaire qui se montrera reconnaissante d'avoir été admise en cette sainte maison. Votre père est riche, mademoiselle, et veut que rien ne vous manque en ce monde, quel que soit l'avenir que vous ayez rêvé ou que votre protectrice vous réserve. J'avais apporté ce matin mon offrande à madame pour la communauté de Saint-Cyr, à laquelle je me suis toujours intéressé ; mais je suis Hollandais et ami trop dévoué du roi d'Angleterre pour ne pas craindre que madame la marquise, qui est une bonne française, se croie obligée de refuser mes présents. Maintenant, mademoiselle, en votre qualité de pensionnaire, vous apporterez une dot à Saint-Cyr, et la voici.

Il mit dans la main d'Antoinette un

morceau de papier tout simple et d'une grosse écriture, sur lequel la jeune fille frappée d'une stupeur profonde, lut sans en croire ses yeux :

« Bon pour un million de livres, payables à vue en ma maison du Boompjes à Rotterdam.

» Saint-Ghislain, le 11 avril 1691.

Van Graaft. »

— Quoi! monsieur, s'écria la jeune fille au désespoir de cette froideur inexprimable, vous êtes mon père, et vous commencez par vous éloigner de moi.

— M. Van Graaft vous a dit, interrompit la marquise, qu'il est un ami, un conseiller du roi Guillaume III, et que son séjour en France n'est pas compatible avec la guerre qui divise malheureusement les deux Etats. Quant à vous laisser en France, — vous qu'il pourrait emmener avec lui, — c'est une délicate bonté de votre père, qui vous voit française par l'éducation et les habitudes.

— Je rends grâce à monsieur... balbutia la jeune fille dont le cœur commençait à se froisser, peut-être parce qu'il commençait à s'attendrir.

— Adieu! répliqua brusquement Van

Graaft, saisi d'un trouble et d'un embarras qu'il eût voulu se cacher à lui-même. Madame, je n'oublierai jamais cette visite à Saint-Ghislain.

Il adressa un salut à la marquise, et tournait déjà du côté de la porte, lorsque madame de Maintenon, l'arrêtant :

— Regardez donc cette enfant, lui dit-elle à voix basse ; votre dédain la surprend et l'offense. Elle va se trouver mal : embrassez-la donc.

Van Graaft recula.

— Au nom de sa mère ! dit la marquise.

Le Hollandais, frissonnant sous la douce autorité qui le conduisait à Antoinette, obéit cependant et se courba, ses lèvres effleurèrent le front de la jeune fille qui, joyeuse de cette caresse, lui saisit la main et la baisa.

Van Graaft changea de couleur, eut à peine la force de se dégager de cette étreinte, et sans pouvoir étouffer un sanglot bruyant qui, depuis ce baiser, lui déchirait la poitrine, il sortit précipitamment de la chambre, demanda son cheval, et partit pour rejoindre Guillaume.

— J'ai retrouvé mon père, dit douloureusement la jeune fille, et il ne m'aime pas!

. . . .

Le soir même, après un assaut décisif, tous les feux de la ville assiégée se taisaient, écrasés par l'artillerie de Vauban.

Mons capitula : les articles furent apportés au roi dans la nuit. Louis XIV accorda une sortie honorable à la garnison, qui abandonna la place dans la matinée, après quinze jours de tranchée ouverte.

Les gardes-françaises furent commandés pour garder les portes; aussitôt les lignes se trouvèrent rompues; les armées d'observation redescendirent vers la Meuse.

Lorsque le roi vint à Saint-Ghislain annoncer à la marquise cette heureuse nouvelle, il la trouva déjà prête au départ. Elle savait tout ce qu'on venait lui apprendre.

Après les félicitations dont elle combla le roi, avec ce tact et cette distinction qu'elle savait mettre, surtout dans les flatteries :

— Sire, dit-elle, vous souvient-il qu'un jour je vous ai parlé de mes dispositions à devenir grand capitaine?

— Oui, certes, madame.

— Eh bien, sire, vous allez en avoir une nouvelle preuve aujourd'hui. Un bon général, dit-on, doit savoir décamper vite et bien. Mes adieux sont faits à l'abbaye; j'ai plié ma tente, je décampe.

Elle mena le roi près de la fenêtre d'où l'on voyait dans la cour ses équipages préparés, ses carrosses attelés, ses gens à cheval ou prêts à prendre l'étrier.

— Quoi ! vous ne revenez pas avec nous. marquise, dit le roi fâché; car il s'était fait une grande joie du voyage pendant lequel les compliments et les soins de la marquise ne lui manqueraient pas.

— Non, sire, je ne le puis, dit-elle.

— Par quelle raison?

— Par une raison toute simple : j'emmène avec moi mademoiselle Van Graaft, que m'a confiée son père, pour la faire entrer à Saint-Cyr. C'est une dette de reconnaissance, vous comprenez ces dettes-là, sire.

— Sans doute. mais en quoi la présence de cette jeune fille vous empêcherait-elle de venir avec nous?

— Ce n'est pas la présence de mademoiselle Van Graaft, sire, c'est celle d'une autre personne avec laquelle cette enfant ne doit plus désormais se rencontrer.

— M. de Lavernie? dit le roi.

— Non, sire, M. de Lavernie peut toujours, et en tout temps, se trouver avec mademoiselle Van Graaft, — surtout si je suis près d'elle. — Quant à M. de Louvois, vous devinez bien que c'est impossible.

— Ah! c'est vrai, répliqua le roi. Cependant vous pourriez encore mettre la jeune personne avec mademoiselle Balbien dans un carrosse qui suivrait le vôtre, et alors nous vous conserverions.

— Non, sire, ma véritable raison, s'il faut vous la dire, c'est que moi-même je ne veux pas voyager avec M. de Louvois.

— De sorte, s'écria le roi, qu'à cause des méfaits de *monsieur Louvois*, me voilà privé de vous...

— Oh! s'il ne causait à Votre Majesté d'autre dommage que celui-là...

— Qu'y a-t-il encore? n'hésitez pas, parlez, savez-vous quelque chose?

— A Versailles, sire, nous reprendrons cet entretien — avec plus de fruit.

— J'avoue qu'il m'en tarde, murmura le roi, car je commence à me lasser de ce sombre méchant, il y a plus, quelquefois j'en ai peur!...

— La crainte de Louvois est le commencement de la sagesse, répliqua gravement la marquise en serrant avec signification la main de son royal époux.

Il était deux heures de l'après-midi, un soleil splendide éclairait cette plaine immense où dormaient sous la terre à peine refroidie tant de braves gens, qui s'étaient fait tuer pour mériter un regard du roi. La fumée montait lentement du sein des décombres de la ville prise. — Une vapeur printanière, douce fumée qui ne coûte ni sang ni larmes, montait aussi vers le ciel en nuages odorants, qui planaient au loin sur les marais et les herbages.

— Ainsi, vous parlez, continua le roi,

appuyé sur le bras de sa compagne, comme cela, toute seule...

— C'est vrai, sire, et les généraux, voulez-vous dire, ont habituellement une escorte en voyage.

— Il vous en faut une, marquise... choisissons-la qui vous soit agréable.

— Mais, volontiers, dit-elle gaiement.

— Louvois n'est pas là, marquise, si nous prenions quelques chevau-légers —

à moins que mademoiselle Van Graaft ne s'en plaigne...

— Oh! sire, vous êtes bon... et aimable! s'écria madame de Maintenon, transportée de reconnaissance.

— Et aimé? demanda le roi, avec son sourire de vingt ans.

Elle répondit à cette galanterie par un sincère et brillant regard adressé au ciel.

Une heure après, vingt chevau-légers, courant à toute bride, rejoignaient sur la route de Valenciennes le carrosse de la marquise, et celle-ci, à la rougeur d'Antoinette, assise en face d'elle, devina bien le nom de l'officier qui les commandait.

Qu'on nous dispense de décrire ce voyage et les joies extravagantes de Jaspin, qui renaissait après tant de traverses, et prétendait engraisser depuis qu'il ne respirait plus le même air que Louvois.

De longs chapitres ne suffiraient pas à reconter le bonheur de Gérard lorsqu'il était appelé près de la portière par la marquise, lorsque son regard se croisait avec celui d'Antoinette, et qu'il sentait rayonner autour de lui deux âmes : une protection et un amour! Les deux tiers du chemin se firent ainsi sous ce beau ciel, dans cette perpétuelle ivresse.

Un soir que la marquise montait une colline à pied, s'appuyant sur le bras de Gérard, ivre de joie et d'orgueil!

— Je vous sais gré, monsieur, dit-elle d'une voie émue, de regarder avec tant de réserve et de délicatesse cette jeune fille que vous aimez. Vous voyez que je l'emmène parmi mes filles, à Saint-Cyr, afin de l'élever pour vous, car elle n'a eu d'autre maître et d'autre guide jusqu'à présent que son cœur. Ce n'est point assez. Je vous demande une année pour en faire une femme digne de toute estime comme elle est digne de tout amour.

Et comme dans son ravissement il joignait les mains en balbutiant quelques mots sans suite :

— Je dois cela, dit-elle, au père de cette jeune fille, et je le dois aussi à votre mère.

Ces paroles ne furent pas perdues, Jaspin les recueillit, lui qui marchait humblement derrière.

Lorsque la marquise fut remontée en carrosse, et que Gérard eut fait part à son vieil ami de tout le bonheur qui fondait sur eux par avalanches depuis quelque temps :

— Voyez ! dit-il, nous étions tous malheureux il y a quinze jours, nous voilà tous heureux maintenant. — Antoinette et moi ici, là-bas Violette et Belair...

— Partout où n'est pas Louvois, on est heureux, répliqua Jaspin.

Il achevait à peine ces mots qu'il vit de loin, au sommet du plateau, les cavaliers de l'avant-garde prendre le galop et se jeter sur un bois voisin, d'où ils sortirent bientôt en ramenant un homme qui se débattait faiblement et semblait demander grâce.

Gérard quitta Jaspin et courut de ce côté en s'informant.

— Mon lieutenant, dit un des cavaliers, c'est un homme qui rôdait sur la lisière du bois que nous avons vu s'enfuir à notre approche avec une si étrange

frayeur que sa fuite nous a paru suspecte;
mais nos camarades le ramènent, et vous
allez juger.

Gérard s'approcha encore et vit un habit en lambeaux, des cheveux épars,
quelque chose de douloureux et d'égaré
sur des traits qu'il lui semblait reconnaître.

Mais le prétendu malfaiteur n'eut pas
plus tôt aperçu Gérard, qu'il s'élança
vers lui en l'embrassant et en poussant
des gémissements lamentables.

— Belair! mon pauvre ami... dans cet

état! Dieu me pardonne, il chancelle! L'aurait-on blessé?...

— Ami, murmura le musicien d'une voix éteinte, depuis trois jours que je cherche à te répondre, je n'ai pris ni sommeil, ni nourriture. Je me meurs.

— Et Violette?

— Violette est perdue!

Gérard n'eut que le temps de recevoir

son ami dans ses bras. Belair tomba sans connaissance.

— Vous avez dit trop tôt que nous étions tous heureux, murmura Jaspin, — Louvois est partout!

VII

LE SORCIER.

Un jour éblouissant, un des longs jours de mai versait à flots la lumière et la chaleur du printemps sur Versailles.

On voyait errer dans la galerie attenant aux appartements royaux, une foule dorée, chamarrée de courtisans, qui tous parlaient sans qu'on entendît le bruit distinct d'une seule parole ; cette procession de groupes qui se contrariaient dans leur marche, princes, maréchaux, prélats, grands seigneurs, ondulaient comme un fleuve frappé des rayons du soleil, et produisait ce miroitement si redoutable aux yeux de province, qui n'en pouvaient supporter l'éclat.

Tous les regards des promeneurs se tournaient invariablement à chaque minute vers la porte royale, bien fermée et gardée par le maître des cérémonies et le lieutenant de service.

Monseigneur de Paris, M. de Harlay, entra dans la galerie et commença le cours de ses révérences.

Bientôt après, entra notre vieille connaissance, M. de Rubantel, en superbe habit rouge richement brodé, habit de cour qui sentait encore les parfums conservateurs de l'étui d'hiver, où le digne soldat l'avait laissé dormir depuis longtemps.

L'archevêque et le général se rencontrèrent bientôt dans la galerie et se saluèrent amicalement.

En ce temps-là, ceux qui s'abordaient avaient deux entrées en matière : le roi et le temps ; c'était précieux pour la conversation ; nous en avons laissé perdre une.

— Comment va le roi, demanda Rubantel ; excusez-moi, monseigneur, j'arrive de l'armée, j'entre en congé.

— Le roi se porte à merveille, général. Quel admirable temps !

— Trop chaud, monseigneur; nous aurons beaucoup d'apoplexies cet été. Sait-on quelque chose de nouveau ici?

— Mais rien, si ce n'est le sorcier, répartit l'archevêque qui, rencontrant M. de Vendôme, l'aborda, tandis que Rubantel, forcé de saluer le prince, restait seul au milieu de cette conversation qui commençait à devenir intéressante.

— Le sorcier? se dit-il, quel sorcier?

Et il chercha des yeux autour de lui; mais dans cette foule, Rubantel ne trouva pas de visages assez amis pour qu'il pût se permettre de faire des questions. Tout à coup il se sentit arrêté par M. de Riotor. Quelle aubaine!

— Tiens! s'écria-t-il, vous ici, comte?

— Depuis huit jours, marquis... et vous?

— Depuis dix minutes... que dit-on de nouveau? Tout-à-l'heure, M. de Harlay me parlait...

— Du sorcier peut-être?

— Précisément. Eh bien, qu'est-ce donc?

— Oh! mon cher marquis, répliqua M. de Riotor, c'est une aventure inouïe!

— Bonjour, Riotor, dit aussitôt le maréchal de Boufflers en passant près d'eux; j'ai un mot à vous dire.

Rubantel s'écarta aussitôt. Il boudait le maréchal et lui abandonna son interlocuteur, sur lequel sa curiosité fondait de si riches espérances.

— Quand on est hargneux comme moi,

se dit le marquis, on ne devrait pas être curieux. A qui m'adresser maintenant pour savoir ce que c'est que le sorcier et son aventure inouïe.

Il avisa le lieutenant de service et s'approcha pour lui demander à quelle heure on verrait le roi.

— On ne sait pas, monsieur le marquis, répliqua le lieutenant. Sa Majesté est avec le sorcier, personne ne peut prévoir l'issue de leur conversation.

Dix nouveaux arrivants qui vinrent

aux renseignements près de ce jeune homme coupèrent encore à Rubantel la solution du problème dont toute la cour s'occupait.

Soudain un évêque habillé tout à neuf, avec sa croix pastorale au cou, entra modestement et gagna une embrasure de croisée près d'un angle. C'était un petit homme gros et court. Il marchait avec embarras, gêné par sa robe, effarouché par l'éclat chatoyant de tout ce qui reluisait à ses yeux, plus effarouché encore par sa propre grandeur qu'il voyait resplendir dans les glaces; ses regards timides fuyaient les regards de l'assemblée qui peu à peu l'honorait d'une attention trop sérieuse pour ne pas devenir fatigante. L'évêque, après avoir essayé de lutter un instant, recula devant le péril, et se retourna pour regarder par la fenêtre.

Rubantel avait remarqué comme les autres cet évêque si humble et si provincial. — Mais il n'avait pu voir son visage que lui cachaient d'abord cent promeneurs, et qu'ensuite le prélat avait caché lui-même en se collant aux vîtres.

Lorsqu'il vit chacun s'arrêter pour regarder le dos de l'évêque, puis chuchoter, puis prêter l'oreille, quand il vit que l'on allait par groupes demander des renseignements à M. de Harlay en sa qualité de chef représentant la haute église dans le salon du roi:

— Au moins, se dit Rubantel, si je ne sais pas l'histoire du sorcier, j'apprendrai peut-être celle de cet évêque dont on s'occupe tant, et qui s'occupe si peu des autres.

Il se glissa dans un groupe dont M. de Harlay était le centre, et il écouta de tout son cœur.

— Messieurs, disait l'archevêque, je ne sais rien de plus que vous sur le nouvel évêque, sinon que c'est un phénix de sainteté, un puits de science, et qu'il a été nommé par madame de Maintenon, à laquelle l'unit une vieille et infiniment tendre amitié.

— Est-ce qu'il prêche? demanda le jésuite Bourdaloue.

— Oh! monsieur! comme saint Jean-Chrysostôme, à ce qu'on dit?

— Et... il écrit, sans doute, demanda Bossuet.

— Comme saint Augustin... à ce qu'on prétend.

— Ah çà, mais c'est un trésor... Dans quelle mine l'a-t-on trouvé, dit l'évêque de Meaux qui toisa de son regard d'aigle ce timide phénix, plaqué aux carreaux de glace comme un papillon effrayé qui cherche à s'enfuir.

— Madame de Maintenon sait découvrir le vrai mérite, répondit avec componction M. de Harlay.

— Comment se nomme cet illustre prélat, monsieur, dit l'aigle de Meaux.

— Ma foi, je n'en sais rien, je n'ai pas la mémoire des noms : un nom en ic... non, en in : Turpin, Taupin...

A ce moment, l'évêque, objet de tant de commentaires, tourna sa tête, fatiguée du soleil extérieur, et Rubantel, en voyant son doux et rose visage, spirituel et candide à la fois, s'écria : Jaspin ! notre ami Jaspin !

— Oui, pardon, dit l'archevêque en se retournant, je me trompais, ce n'est pas Taupin, c'est Jaspin.

Rubantel était déjà loin, nageant vigoureusement dans les flots épais de ce pactole, il venait d'aborder près de la fenêtre en tendant les bras à Jaspin qui, non moins empressé, embarrassa ses dentelles et et ses plis dans l'épée et les broderies du général, en sorte qu'ils eurent grand peine à se dégrafer l'un de l'autre après l'accolade.

— Comment! comment! dit le marquis, vous voilà évêque, mon digne ami?

— Vous voyez, répliqua Jaspin aussi tristement que si on lui eût dit : « Vous voilà malade. »

Rubantel prit cette mélancolie pour de l'humilité, et tout ce qu'il venait d'entendre dire sur le mérite du prélat lui parut confirmé par cette nouvelle vertu.

Il regarda quasi respectueusement celui que naguère encore il appelait bonhomme.

— Savez-vous, ajouta-t-il, que vous faites ici un bruit énorme; voyez comme on vous regarde, on ne regarde que vous.

— Cristol, murmura Jaspin, c'est contrariant d'être ainsi dévoré des yeux; comment tant de regards si exercés, si malins, ne découvriraient-ils pas mon indignité!

— Bon, vous êtes trop modeste, madame de Maintenon sait bien ce qu'elle fait, allez!

— Croyez-vous? dit timidement l'évêque.

— Jour de Dieu... Pardon, monseigneur.

— Oh! je vous en conjure, dit Jaspin

avec une sincère douleur, ne m'appelez pas monseigneur, cela m'agace les nerfs... Chose singulière, voilà cinquante-huit ans que je vis sans m'être aperçu que j'eusse des nerfs, et depuis cette malheureuse nomination, il m'en est venu qui me font souffrir le martyre.

— Mais si vous souffrez ainsi, dit Rubantel avec une amicable ironie, pourquoi vous êtes-vous laissé faire?

— Oh! répliqua Jaspin, ma nomination a rendu M. de Louvois si malheureux, que je n'ai pu refuser cette satisfaction à madame de Maintenon.

Rubantel se mit à rire bruyamment, et prenant le bras de l'évêque, l'emmena pour une promenade dans la vaste galerie, comme un habile patineur qui entraîne un novice et prête son équilibre et son élan magistral aux timides glissades de l'élève.

Le marquis ne se sentait pas d'aise d'être ainsi regardé par tant de monde et de jouir seul de la familiarité de cet illustre qu'on appelait phénix, trésor, merveille, et qui, s'il écrivait comme saint Augustin, prêchait comme Jean Bouche-d'Or. A cette satisfaction d'orgueil se joignait un certain plaisir d'être aussi bien traité par l'ami *infiniment tendre* de madame de Maintenon.

— Et quel évêché vous a-t-on donné, mon cher prélat? Est-ce près de la cour?

— Non pas; c'est fort loin, au contraire.

— Je vois cela, votre modestie vous a encore porté à vous sacrifier; mais au moins ne pousserez-vous pas l'abnégation jusqu'à faire résidence? Nommez-moi la province dans laquelle se trouve votre diocèse.

— C'est du côté de... vous savez... cette ville qui a été assiégée si longtemps.

— Par qui?

— Par les Grecs.

— Comment, par les Grecs? s'écria Rubantel avec stupeur.

— Eh! mon Dieu! ne devinez-vous pas? Il y a un poème là-dessus; le siége a duré dix ans. Cristol! le poème s'appelle l'*Iliade*.

— Je ne connais de siége qui ait duré dix ans, et qui ait été chanté par Homère, que le siége de Troie.

— Vous avez deviné.

— Vous êtes évêque de Troyes en Champagne.

— Non, en Asie-Mineure.

— Mais, si je ne me trompe, dit Rubantel, voilà trois mille cinq cents ans que le farouche Agamemnon a démoli les murs de votre diocèse. Il n'existe pas.

— Madame de Maintenon m'y a nommé pour que je fusse forcé de rester ici.

— Je comprends cette délicatesse, dit Rubantel, vous êtes tout-à-fait évêque de cour ; c'est admirable. Eh bien ! mon cher ami, votre fortune est faite, j'en suis ravi. Vous pouvez devenir confesseur du roi le jour où ce noir jésuite La Chaise... A propos, vous n'êtes pas jésuite, vous ?

— Pas que je sache, dit modestement Jaspin.

— Et vous me protégerez un peu, je pense, reprit Rubantel en riant ; j'ai des enfants, moi, et je ne sais pas pourquoi je ne m'efforcerais par de les bien établir. M. de Louvois ruine bien le roi pour les siens; d'ailleurs être protégé par un homme que...

— Que l'on a protégé, dit Jaspin, cela est dû.

— Vous êtes une merveille, décidément, s'écria le marquis, et vous allez faire ici une révolution véritable. Mais causons un peu de ce cher Lavernie. Comment n'est-il pas ici, puisque j'y vois tout le monde? Est-il toujours l'idole, le héros... Le marions-nous bientôt?

— M. de Lavernie fait en ce moment

une petite excursion aux environs. Il prend l'air.

— Ah! fit Rubantel qui jugea au ton réservé de Jaspin qu'il serait mal séant de pousser plus loin l'interrogatoire. Puis, changeant aussitôt de sujet :

— Si vous vouliez bien, mon cher prélat, dit-il, nous pourrions maintenant parler un peu du sorcier. Vous savez son histoire et vous allez m'instruire. J'en brûle.

— Il est là, dit Jaspin mystérieusement

en désignant au général la porte des appartements royaux.

— Là?... chez le roi?...

— Dans son cabinet.

— Pourquoi un sorcier avec le roi?... J'en tombe des nues.

— Il faut vous dire que tout le monde ici partage votre surprise.

— Qu'est-ce que le sorcier?

— Un maréchal.

— De France?

— Non, de Provence.

— Est-ce que le roi a des chevaux difficiles à ferrer ?

— Cela se pourrait, monsieur; toujours est-il que le sorcier est d'un pays où l'on sait deviner, témoin son compatriote Nostradamus.

— Vous m'intéressez, dit Rubantel.

— Eh bien! adossons-nous, s'il vous plaît, à cette muraille : on nous verra moins, et on ne nous entendra pas.

— J'écoute.

— Le sorcier vient de Sâlon, en Provence. Il a vu au coin d'un bois voisin de sa ville, une ombre blanche, blonde, toute lumineuse, qui croisait un manteau royal sur ses épaules, et qui l'appelait à elle :

— Oh! oh! Y est-il allé?

— Certes; et l'ombre lui a dit : Je suis la feue reine, épouse de S. M. Louis XIV.

— Jour de Dieu! c'est peu croyable que la feue reine ait choisi comme cela, pour apparaître, le coin d'un bois dans un pays où il n'y en a pas.

— Ecoutez encore, monsieur. L'ombre s'aperçut peut-être que le maréchal raisonnait comme vous, car elle ajouta : « Je m'en vais vous dire une chose qui prouvera non-seulement à vous, mais encore au roi, que je suis bien Marie-Thérèse. Apprenez un secret que le roi seul et moi nous savons... » Là-dessus l'ombre raconta ce secret avec force détails.

— Voilà qui est ingénieux, dit Rubantel; mais sera-ce bien intéressant, bien curieux pour le roi d'apprendre de ce maréchal une chose qu'il savait déjà; et, de la part de l'ombre, était-ce bien délicat d'aller raconter à ce ferreur de chevaux les petits secrets de Leurs Majestés? A la place du maréchal, je n'aurais pas fait deux cent soixante lieues pour venir déranger le roi à l'heure de son dîner : c'est un piètre rôle.

— Vous voilà comme tous ces gens de cour, vous doutez.

— Mon cher prélat, toute chose inutile ne peut venir de Dieu.

— Qui vous dit que ce soit inutile?... attendez donc la fin. Qui vous dit qu'en ce moment, grâce à cette introduction que la feue reine aurait ménagée à ce maréchal, elle ne fait pas entendre au roi quelque bonne vérité, quelque sage conseil comme il en éclot par-delà notre monde éphémère.

— Eh bien, écoutez à votre tour, mon cher prélat, je ne suis ni compatriote de Nostradamus, ni maréchal — hélas! — mais je vous garantis que sans avoir rencontré la feue reine au coin d'un bois, je dirais au roi deux choses bien importantes s'il m'accordait seulement une des vingt-cinq minutes qu'il a déjà données à ce sorcier provençal... et, comme je ne fais pas de mystère avec vous, voici les deux choses que je dirais à Sa Majesté :

faites la paix, sire, et renvoyez soit Louvois, soit madame de Maintenon.

— Voilà précisément la question, répartit froidement Jaspin, est-ce l'un, est-ce l'autre, que vous conseilleriez de congédier?

— Ah! dame, répliqua Rubantel très-embarrassé de ce qu'il venait de dire, ce serait au roi de choisir.

— Et qui vous dit qu'en ce moment, le maréchal de Sâlon n'apporte pas au roi un choix tout fait de la part de la feue reine Marie Thérèse.

— Jour de Dieu ! je comprends alors l'intérêt que la cour prend à cette conversation, s'écria Rubantel... ce sorcier-là apporte la solution du problème qui nous divise tous.

Puis se penchant à l'oreille de Jaspin :

— Savez-vous, dit-il malicieusement, vous qui êtes si bien en cour, lequel de M. de Louvois ou de madame la marquise a conseillé à la feue reine d'apparaître à ce maréchal ?

Jaspin, souriant avec finesse, répondit :

— Si vous le demandiez, monsieur, on ne vous le dirait pas.

— J'attendrai donc pour en juger, mon cher prélat, les premières paroles que le roi adressera soit à la marquise, soit au ministre après le départ du sorcier. Mais en attendant, grommela le vieux soldat revenu à ses boutades chagrines, c'est dur d'être ballotté ainsi entre toutes ces intrigues. Pendant qu'on fatigue à de pareilles jongleries l'esprit du roi, Sa Majesté ne pense pas à ses affaires ni à ses serviteurs; on nous oublie, nous autres lourdauds qui habitons dans les camps. La petite comédie du sorcier aura un dénouement avantageux pour l'un ou l'autre des deux grands magiciens qui le font mouvoir, mais moi, que suis-je? Une marionnette oubliée... fanée, qu'on fait sautiller de temps en temps sur quelque champ de bataille, avec d'autres pantins, pour faire nombre. Jour de Dieu! être pantin de M. de Louvois! quel métier!

— Là, là!... dit Jaspin, pas si haut, le voici.

En effet, Louvois apparut au bout de la

galerie, avec son cortége de secrétaires, de commis, d'officiers; il donnait ses ordres en marchant, il saluait à peine ou ne saluait pas sur son passage, — mais ce n'était plus par orgueil. — Une préoccupation profonde, douloureuse comme une plaie, entraînait son esprit hors de tout ce qui n'était pas une affaire; il ordonnait, louait, blâmait; il ne voyait plus.

Selon son habitude, il traversa la galerie devant des fronts inclinés, — des fronts de princes, et par cette large trouée il parvint jusqu'aux portes du cabinet.

Elles s'ouvraient ordinairement à son approche ; elles restèrent fermées ce jour-là. Louvois ne s'en aperçut qu'en se heurtant, pour ainsi dire, au panneau doré.

Le ministre, relevant la tête, s'apprêtait à gourmander le maître des cérémonies, mais apercevant le lieutenant aux gardes de service, un homme-lige plus particulièrement soumis à son autorité :

— Pourquoi cette porte n'est-elle pas ouverte? dit-il.

— S. M. est enfermée avec quelqu'un, monseigneur, répliqua l'officier.

— Quoi... ce fameux sorcier n'est pas encore sorti, murmura Louvois, rouge de honte, car il sentait le malin plaisir que cette porte refusée allait causer à ses ennemis présents. Puis se tournant vers la foule qui ne souriait plus depuis qu'il s'était retourné :

— Le maréchal ferrant, dit-il, a des priviléges que n'a pas toujours ici un maréchal de France.

Quelques courtisans s'empressèrent de rire.

— Voilà M. de Louvois qui me vole mes plaisanteries, dit Rubantel bas à Jaspin.

Le ministre, réduit à l'inaction de l'attente, fut bientôt entouré, harcelé, dévoré par la foule qui s'arrachait ses sourires et ses paroles; mais, tandis que chacun s'occupait de Louvois, Louvois s'occupait de cette porte fermée.

Soudain elle s'ouvrit. Une voix cria : Le Roi!

Et Louis XIV parut, précédé du capitaine des gardes qui conduisait un homme vêtu simplement de drap gris, et qui fixait sur tout ce monde éblouissant des regards pleins d'assurance, comme s'ils étaient accoutumés à d'autres visions plus éblouissantes.

C'était le sorcier de Sâlon. Le roi s'arrêta au seuil de la galerie, et dit avec bonté au maréchal ferrant :

— Merci, mon ami; allez tranquillement chez vous, merci.

Puis au capitaine des gardes :

— On veillera au voyage de cet homme. J'ai signé pour lui un bon sur ma caisse.

Tout en parlant ainsi le roi affectait de tourner le dos à Louvois bien que celui-ci se fût approché avec son portefeuille.

Louvois, dépité, ne put retenir un de ses furieux mouvements d'humeur.

— Voilà bien des cérémonies pour un fou! dit-il entre ses dents.

Le roi entendit, et, se retournant avec un air sévère :

— Monsieur, dit-il, si cet homme eût

été un fou, je n'aurais pas causé avec lui trois-quarts d'heure.

Ces mots traversèrent le silence de toute l'assemblée et retentirent jusqu'au bout de la galerie.

Louvois pâlit et crispa ses doigts sur son portefeuille.

— Vous veniez pour travailler, Monsieur de Louvois, ajouta le roi d'un ton glacial. Je travaillerai à Saint-Cyr. Veuillez m'y attendre.

Le ministre s'inclina et partit la rage dans le cœur.

Alors le roi traversa lentement la galerie, envoya un charmant sourire à Jaspin, et salua sur son passage avec autant de bonne grâce qu'il avait témoigné de froideur à Louvois.

Lorsqu'il eut disparu dans le grand escalier, toute l'assemblée se sépara en commentant, chacun selon ses prédilections, le *merci* adressé par S. M. au sorcier provençal.

— Eh bien! dit Jaspin à Rubantel, vous

qui attendiez les premières paroles du roi pour juger la démarche du sorcier, qu'en pensez-vous?

—Je pense, dit Rubantel, que si M. de Louvois a payé le sorcier pour venir défendre ses intérêts devant S. M., le maréchal ferrant a volé l'argent de M. de Louvois. Je pense, de plus, qu'il était bien inutile à moi de mettre mon habit de cour et de venir à Versailles. Le roi ne m'a pas seulement regardé. Jour de Dieu! si je portais soutane, il m'eût fait sa bouche en cœur!

VIII

DEUX DISTRACTIONS EN UN JOUR.

Pour la seconde fois Rubantel s'aperçut qu'il avait blessé le bon Jaspin.

— Oh! pardon, s'écria-t-il, j'ai tort. Votre soutane couvre un brave homme, et mon habit rouge, si brodé qu'il soit, ne renferme rien qui vaille. Pardon!

Jaspin se contenta de répondre qu'il n'avait pas été offensé. Puis il salua le marquis pour sortir de la galerie où tous deux se trouvaient à peu près seuls.

— Vous me quittez? dit Rubantel.

— Oui, monsieur, je vais à Saint-Cyr.

— Comme le roi!... Oh! quel favori vous faites! Moi, je m'en retourne tristement. – Embrassez pour moi M. de Lavernie...

Et le digne homme étouffa un soupir qui émut Jaspin.

— Ce n'est pas réjouissant, voyez-vous, ajouta Rubantel, de venir faire sa cour à Versailles... manquant de tout, dînant seul ou à peu près, se promenant seul, à charge à tous ses amis si l'on en a, quand on pourrait vivre commodément dans sa terre avec sa famille et ses chiens.

Là-dessus, nouveau soupir du bon seigneur, et Jaspin pour le consoler répondit :

— N'enviez pas mon sort ; je ne vais

pas à Saint-Cyr pour y prendre de l'agrément. Athalie, ce n'est pas un plaisir.

— Qu'est-ce qu'*Athalie?* demanda le soldat.

— Une nouvelle tragédie sacrée de M. Racine.

— Comme *Esther?*

— Plus longue.

— Eh mais, c'est un honneur immense que l'on vous fait là, mon cher prélat ;

comment, vous êtes invité à une représentation?...

— Non, à une répétition seulement. Madame de Maintenon voyant le succès d'*Esther*, avait prié M. Racine de lui faire une seconde pièce pour ses demoiselles, et ce pauvre auteur y a sué sang et eau depuis un an.

— Mais le voilà au port, puisqu'il va être représenté.

— Non pas. Avant de représenter *Athalie*, Madame la marquise consulte son conseil de conscience.

— Pourquoi ?

— Parce que de tous côtés il lui en revient des plaintes. Ces demoiselles de Saint-Cyr ont trop bien joué, à ce qu'il paraît, pour des filles honnêtes, et les cagots prétendent que ce n'est pas pour élever des comédiennes que le pape a cédé à Saint-Cyr la mense abbatiale de Saint-Denis.

— Le fait est, dit Rubantel, encore une fois emporté par son sang de frondeur, que si j'étais assez pauvre pour qu'on élevât ma fille à Saint-Cyr, je ne me soucierais point de la voir paraître sur un théâtre, comme mesdemoiselles de Saint-Osmane, de Choiseul et de Glapion, dont on a beaucoup trop parlé depuis Esther...

— Vous voyez bien qu'il y a le pour et le contre, puisque vous êtes contre, dit tranquillement Jaspin.

— Oh! moi, je dis tout net, trop net ma façon de penser.

— Je suis désolé de vous savoir opposé à ce divertissement, monsieur le marquis, car je le crois innocent, et je suis de l'avis de madame de Maintenon, qui aime mieux distraire ses filles que de les laisser elles-mêmes chercher des distractions. J'en suis fâché aussi, parce que vous êtes un père de famille très-honoré, un prudhomme considérable, et que, vous croyant désœuvré ce soir, je comptais vous proposer de m'accompagner à Saint-Cyr, où madame la marquise eût peut-être consenti, sur ma demande, à vous admettre dans notre petit comité de gens qui vont décider si la représentation d'*Athalie* offre des dangers.

Pendant ces derniers mots, le visage de M. Rubantel avait pris une si comique expression de douleur, de regret, que

Jaspin fut obligé de se retenir pour ne point rire. Il était parfois malicieux, le bonhomme, et une leçon bien donnée ne lui paraissait jamais un hors-d'œuvre.

— Vous m'excuserez donc, monsieur, dit-il, si je vous quitte.

— Jour de Dieu ! s'écria Rubantel en se mordant les lèvres, voilà trois fois depuis tantôt que je mériterais les étrivières.

Abandonnez-moi, mon cher abbé ; pardon, monseigneur, eh ! pardon... à tous les diables la cour et ce langage fleuri;

ou plutôt... non, à tous les mille millions de charretées de diables, ma langue de butor et de grognon, qui bavarde toujours en dépit de mon cœur.

Pour le coup, Jaspin se mit à rire, et prenant le bras du digne vétéran qui roulait comme une larme en ses yeux furieux.

— Vous avez un carrosse, Monsieur le marquis, dit-il.

— Pardieu!... j'en ai trois.

— Eh bien! il ne nous en faut qu'un pour nous rendre à Saint-Cyr.

— Vous m'emmenez?

— A l'instant, et vous aurez l'étrenne des chœurs qu'on doit répéter pour la première fois avec un musicien dont on dit merveille.

— Oh! par exemple, s'écria Rubantel, en embrassant Jaspin, voilà un vrai chrétien!... voilà un pasteur de brebis!... Eh bien, mon illustre, mon parfait ami, il faut que je vous l'avoue, tenez, je vais me confesser. J'enrageais de ne pas être admis à Saint-Cyr : on ne m'avait pas invité aux représentations d'*Esther*, voyez-vous ; de là un mauvais sentiment, une envie de mordre... Quoi ! j'irai voir de près cette maison... ces charmantes demoiselles si bien élevées... et j'entendrais la tragédie de Racine...

— Avant tout le monde.

— Oh ! j'étouffe !...

— C'est la chaleur, dit naïvement Jaspin ; mais nous allons prendre par la petite route qui est ombragée et déserte, et le mouvement du carrosse vous rafraîchira.

— Oui, fouette, fouette! cria le marquis à son cocher.

Ils suivaient alors la route tracée entre les arbres du parc et une immense pièce d'eau longue comme un canal, destinée à servir de réserve aux bassins de Versailles, quand ils virent devant eux une petite calèche attelée de deux chevaux.

— Eh mais, dit Jaspin, n'est-ce pas M. de Louvois que nous apercevons là?...

— Je crois reconnaître son habit bleu, dit Rubantel, et il conduit ses chevaux, c'est assez son habitude.

— Si nous le passons, il sera furieux, continua Jaspin — si nous le suivons, il nous parlera peut-être, et je ne voudrais pas qu'il nous parlât.

— Il y a un moyen, dit le marquis, descendons de carrosse, mes chevaux vont prendre le pas, nous marcherons derrière, M. de Louvois gagnera sur nous, et quand il sera entré à Saint-Cyr, nous y entrerons derrière lui.

Jaspin adopta l'avis, tous deux descendirent et se faufilèrent dans la contre-allée, où les arbres les masquaient. Leur cocher garda la chaussée, en observant de laisser toute l'avance possible à la calèche.

Mais cette calèche marchait si lentement, les chevaux secouaient si librement leurs têtes et leurs crinières, en décrivant sur la route des courbes capricieuses, que l'on eût dit qu'ils marchaient à leur fantaisie, sans guide et sans frein.

Les deux promeneurs, garantis par

l'abri des gros arbres, et marchant sur le gazon, étaient arrivés au tournant de la route presque à la hauteur de la calèche; les chevaux s'arrêtèrent; leur maître les laissa faire.

Jaspin et Rubantel n'eurent que le temps de se plaquer derrière un marronnier énorme, et de là ils virent Louvois, les mains pendantes, l'œil atone, la tête inclinée, oubliant les chevaux, la calèche, la route, le monde. — Il rêvait.

Les chevaux se mirent à tirer quelques pointes d'aubépine sur le revers du fossé qui bordait la route à six pas de l'arbre qui cachait l'évêque et son ami. Louvois ne s'en aperçut pas. Quelques mots vagues, entrecoupés de rauques syllabes, s'échappaient de ses lèvres.

Jaspin et Rubantel retinrent leur haleine.

— Lui conseillera-t-on cela? murmumurait Louvois. Une disgrâce... après trente ans... avant que je me sois vengé...

Il eût fallu voir le coup-d'œil qu'échangèrent ces deux hommes pâles d'émotion en entendant parler l'esprit de Louvois.

— Si je ne trouve pas ce que je cherche pour la perdre, continua le ministre, je suis perdu.

Les chevaux, rebutés de se piquer la langue aux épines amères de l'arbuste, tournèrent à droite sans que leur maître les en empêchât.

— Il se trompe de chemin, dit tout bas Rubantel à l'oreille de Jaspin.

Les chevaux marchaient toujours obliquement vers la droite, ils venaient de sentir la fraîcheur de l'eau et se dirigeaient vers le canal.

Louvois les laissa aller; il rêvait toujours. Jaspin et Rubantel tressaillirent, et, en même temps :

— Mais il va se rompre le col, dit l'un.

— Il va se noyer, dit l'autre.

La calèche avait deux roues sur le gazon, les chevaux posaient leurs pieds de devant sur la margelle du canal, encore un pas, ils plongeaient.

Jaspin et Rubantel échangèrent un nouveau regard, un éclair; puis tous deux poussèrent un si grand cri en se précipitant sur la route, que les chevaux effrayés s'écartèrent brusquement du canal.

Louvois se réveilla, il comprit le danger, se retourna, vit ses deux sauveurs courant et gesticulant sur la chaussée. Sans doute, il les reconnut, mais pour tout remerciement il ôta son chapeau, cingla vigoureusement ses chevaux d'un coup de fouet et disparut dans un tourbillon de poussière.

Le général et l'évêque tremblaient de tous leurs membres, et restaient comme enracinés sur le chemin.

— Hein? dit enfin Rubantel aussitôt qu'il put recouvrer la voix, si nous n'eussions pas crié!

— Et Dieu!... murmura Jaspin.

— Et la discipline! murmura le général.

Quelques instants après, ils entraient dans la cour de Saint-Cyr, où fumaient encore irrités les chevaux du ministre.

Tandis que le général admirait l'ordonnance et la vaste étendue des bâtiments, l'air de grandeur et de simplicité répandu sur l'ensemble, les détails si minutieusement soignés, les allées et venues discrètes et pourtant actives du service, tandis que Jaspin, reçu en hôte familier, quittait son compagnon pour obtenir de la marquise l'autorisation de faire entrer M. de Rubantel, le ministre s'était fait annoncer à Louis XIV, dans les jardins, sous un pavillon de verdure où depuis un quart-d'heure le roi prenait le frais en attendant, lui qui savait si peu attendre.

Louvois avait rêvé un quart-d'heure de trop. Il s'aperçut de sa maladresse et en comprit la gravité dans un moment où son maître était si défavorablement disposé; il devint extrêmement pâle et chancela en entrant dans le pavillon.

Son air de souffrance arrêta sur les lèvres du roi l'apostrophe déjà prête à jaillir. — Ce fut Louvois qui parla le premier.

— Il faut m'excuser, sire, dit-il, j'ai failli me trouver mal en chemin.

— Êtes-vous malade, monsieur?

— Je ne l'étais pas, sire; mais l'accueil que m'a fait Votre Majesté me vaut une maladie.

Le roi ne répliqua rien. Le ministre, sans donner suite à ses plaintes, et se renfermant au contraire dans une réserve pleine de dignité, essuya son front, ouvrit son porte-feuille et dit au roi :

— Plaît-il à Sa Majesté de travailler ici?

— Je ne sais pas même si je travaillerai, répondit le roi Louis XIV avec une nonchalance qui pour Louvois était une disgrâce de plus.

— Je suis aux ordres de Sa Majesté, répliqua-t-il en surmontant vaillamment les dégoûts dont on l'abreuvait.

Le roi s'éventa avec son chapeau, et se mit à regarder distraitement dans le jardin.

Louvois souffrait tout ce qu'un homme de ce caractère indomptable peut souffrir, mais il se contenait.

Au bout de quelques minutes, appuyant une main sur son cœur gonflé, donnant à son visage l'expression du calme et de la complaisance.

— Je crois voir, dit-il, que Sa Majesté n'a point la tête aux affaires. Faut-il que nous remettions le travail?

— Vous vous trompez, répliqua sèchement le roi, j'ai plus que jamais la tête aux affaires; seulement c'est aux grandes affaires que je m'applique, et asseyez-vous pour m'écouter.

Louvois sentit une sueur mortelle courir en perles de glace sur sa poitrine. Ce ton solennel du roi, au sortir du mystérieux entretien avec le sorcier annonçait de grands événements. En outre, l'absence de madame de Maintenon, absence concertée entre elle et le roi, qu'elle venait de quitter à l'instant même, présageait au ministre l'approche d'une crise.

Le roi se posa majestueusement comme il le faisait d'instinct dans les circonstances importantes, et, d'une voix ferme, lente, il dit à Louvois :

— J'ai à vous demander un compte très-exact de ma situation vis-à-vis de l'Europe : où en sommes nous?.. ne cherchez pas, parlez.

— Mais, balbutia Louvois, si Sa Majesté voulait se donner la peine de détailler...

— J'ai trois ennemis en Europe, monsieur : l'empereur, le prince d'Orange, le duc de Savoie ; trois ennemis qui comptent !

Louvois aussitôt :

— Votre Majesté oublie l'Espagne, la Suède, toute l'Allemagne.

DE SATAN. 319

— Je sais que vous m'en trouveriez encore si vous cherchiez ; mais, je me suis arrêté à dessein. Trois ennemis, ai-je dit; vous trouvez que ce n'est pas assez ; moi, j'estime que c'est trop !

Louvois regarda le prince avec stupeur.

FIN DU QUATRIÈME VOLUME.

TABLE

DES CHAPITRES DU QUATRIÈME VOLUME.

I. — De Charybde en Scylla.............. 1
II. — Le Cocher du roi Guillaume.......... 55
III. — Tel qui rit Vendredi............... 79
IV. — Comment Louvois se repentit d'avoir ri trop vite....................... 119
V. — Réparation...................... 157
VI. — La dot de mademoiselle Van Graaft... 199
VII. — Le Sorcier...................... 245
VIII. — Deux distractions en un jour....... 291

En vente

LAURENCE DE MONTMEYLIAN
par MOLÉ-GENTILHOMME, auteur de ROQUEVERT L'ARQUEBUSIER.

RIGOBERT LE RAPIN
CHARLES DESLYS, auteur de MADEMOISELLE BOUILLABAISSE, la MÈRE RAINETTE, etc., etc.

LA CHASSE AUX COSAQUES
par GABRIEL FERRY, auteur du COUREUR DES BOIS.

LE GARDE-CHASSE
par ÉLIE BERTHET.

LE BEAU LAURENT
par PAUL DUPLESSIS, auteur des BOUCANIERS et de MONTBARS L'EXTERMINATEUR.

GUETTEUR DE GORDOUAN
Par PAUL FOUCHER.

LES LORETTES VENGÉES
par H. DE KOCK.

Paris. — Imprimerie de G. GRATIOT, rue Mazarine, 30.